WRITER'S LETTER

야간버스에서 내려 잠이 덜 깬 상태에서 키요미즈데라까지
찾아갔던 날의 기억이 아직도 생생합니다. 지금보다 훨씬
한산했던 키요미즈데라의 무대에서 교토 시내의 전경을
내려다보며 아침 공기를 크게 들이마신 순간 교토를 사랑하게
되었습니다. 길을 잃고 한 자리를 뱅뱅 도는 제 손을 붙잡고
목적지까지 데려다준 교토 토박이 아주머니들, 그 목적지에서
먹은 백 년도 더 넘게 사랑받은 찹쌀떡은 또 어떻고요.
그 첫 번째 여행 이후로 십여 년 동안 무시로 교토에
드나들었습니다.
이 오래된 도시는 놀랍게도 갈 때마다 새로운 얼굴을
보여주었습니다. 수십 번을 가도 지루할 틈이 없었죠. 신사와
사찰만 가득한 심심한 도시가 아니란 사실을 다른 여행자도
알아주길 바랐고 그 결과물이 바로 이 책입니다.
이 책을 읽는 모든 분들이 자신만의 교토 여행을 하게 된다면
저자로서 그보다 더 기쁜 일은 없을 것입니다.

양미석

Tripful

CONTENTS

Issue
No.05

KYOTO
교토

Writer
양미석

한 번에 한 나라, 한 도시만 느릿느릿 둘러보며 30년 일정으로 세계일주 중. 사랑하는 곳에 대해 알리고 싶다는 생각에 어쩌다 보니 글을 쓰고 사진을 찍고 있다. 뭐 하나 특별히 잘하는 건 없어도 내가 쓰고 찍는 공간을 아끼는 마음만큼은 그 누구에게도 뒤지지 않는다고 자신한다. 그 마음이 읽는 사람에게 제대로 전해졌을 때, 세상에서 가장 큰 기쁨을 느낀다.

Tripful = Trip + Full of
트립풀은 '여행'을 의미하는 트립Trip 이란 단어에 '~이 가득한'이란 뜻의 접미사 풀-ful을 붙여 만든 합성어입니다. 낯선 여행지를 새롭게 알아가고 더 가까이 다가갈 수 있도록 도와주는 여행책입니다.

※책에 나오는 지명, 인명은 외래어 표기법에 따르되 일본어 발음과 차이가 있을 경우 발음에 가깝게 표기했습니다.
※잘못 만들어진 책은 구입하신 곳에서 교환해 드립니다.

WHERE YOU'RE GOING
008   교토는 어떤 곳일까?
         천년고도, 쉽고 빠르게 이해하기

PLAN YOUR TRIP
010   NOTE & CHECKLIST
         교토 여행 전 알아두면 좋은 것들
012   FESTIVAL
         지극히 '교토스러운' 시간
013   HISTORY
         천년고도의 기억
014   THE BEST DAY COURSE
         교토 여행이 완벽해진다

PREVIEW : KYOTO, OLD & NEW
020   OLD CITY WITH COFFEE
         커피 향 감도는 오래된 도시
024   ANOTHER HOME
         마치야, 어디까지나 교토스러운

EAT UP
028   COFFEE STAND
         바쁜 여행자를 위한 커피 한 잔의 여유
030   ROASTERY CAFE
         원두 볶는 냄새를 좇아서
032 | THEME | CAFE, OLD & NEW
         카페, 과거와 현재의 만남
036   BREAKFAST WITH COFFEE
         교토에선 부지런해질 수밖에 없어요!
038   LUNCH AT A CAFE
         카페의 점심시간
040   RIVERSIDE CAFE
         교토의 물길을 즐기는 특별한 방법
041   TAMAGO SANDO & CAFE
         오후 3시의 간식, 타마고 산도
042   DESSERT
         동서양을 넘나드는 디저트의 천국 교토
045   CHOCOLATE
         초콜릿, 여행의 피로회복제
046 | THEME | MATCHA DESSERT
         교토는 녹차 마니아의 천국!
048   BREAD
         교토는 빵을 사랑해
050   A SOLID MEAL
         잘 차려낸 한 끼 식사
054   NOODLE
         라멘, 우동, 소바 어느 하나 빠지지 않는
057   SUSHI
         조금 색다른 고도의 초밥 문화
058   CURRY
         알고 보면 교토는 카레의 성지?!
060   ALCOHOL
         깊어가는 교토의 밤

SPOTS TO GO TO

066 | SPECIAL | 살랑살랑, 벚꽃의 교토
　　교토의 가장 아름다운 계절, 봄

| 라쿠토, 교토의 동쪽 |

071　키요미즈데라
　　교토 그 자체

074　기온
　　교토 최고의 환락가

076　오카자키와 긴카쿠지
　　아름다운 길을 따라 고적 산책

078 | SPECIAL | 게이코와 마이코
　　꽃의 거리의 사람들

| 라쿠사이, 교토의 서쪽 |

081　라쿠사이
　　금빛 누각과 고요한 정원

082　아라시야마
　　옛 귀족의 별장지

| 라쿠추, 교토의 중심 |

085　시조카와라마치와 교토 역
　　교토 시내 최고의 번화가

087　니조성과 교토 고쇼
　　수도 교토의 시작과 끝

| 라쿠난, 교토의 남쪽 |

089　라쿠난
　　여우 신사와 토리이 터널

| 라쿠호쿠, 교토의 북쪽 |

090　라쿠호쿠
　　조금 더 깊고 신비로운 북쪽의 산

094 | THEME | 정원으로 보는 교토
　　때론 무심하게, 때론 화려하게

095 | THEME | 안도 타다오 IN 교토
　　천년고도와 어깨를 나란히

096 | THEME | 교토에서 자전거 이용하기
　　자전거 타기 편한 도시 교토

097 | THEME | 교토에서 온천 이용하기
　　하루의 피로를 푸는 시간

LIFE STYLE & SHOPPING

100 | THEME | 앤티크 숍
　　천년고도의 흔적

102 | THEME | 도자기
　　곁에 두고픈 도자기

104　라이프 스타일 숍
　　일상생활을 조금 더 풍성하게

106　학문의 도시, 서점 탐방
　　책 읽는 사람의 도시 교토

108　쇼핑몰 & 드러그 스토어
　　유명 백화점과 대형 쇼핑몰

110　교토의 기억을 간직할
　　교토만의 기념품을 소개합니다

112　교토의 흔적들
　　여행의 기억을 되살려주는

PLACES TO STAY

116　교토 숙소 A TO Z
　　예산, 위치, 스타일에 맞는 숙소는?

117　HOTEL
118　DESIGN & INEXPENSIVE HOTEL
1119　RYOKAN
120　GUESTHOUSE
121　HOSTEL

ATTRACTIVE SUBURBS

124　우지
　　녹차의 고장

126　오하라
　　고요한 산골 마을로의 여행

128　후시미
　　물맛, 술맛 끝내주는 사케의 마을

129　오야마자키
　　맥주 VS 위스키

TRANSPORTATION

130　교토로 출발하기
131　간사이 공항에서 교토 역까지
132　교토 시내 교통 I , II

MAP

134　지도

WHERE

--- KYOTO ---

YOU'RE GOING

여행 전 한눈에 살펴보는 교토 전도.
비슷비슷해 보이는 신사나 사찰의 특징을 그림으로 살펴본 후
나만의 교토 여행을 디자인 해보자.

킨카쿠지 (p.081)

교토의 북서쪽 지역으로 유네스코 세계문화유산인 킨카쿠지, 료안지, 닌나지가 조르르 붙어있다.

아라시야마 (p.082)

빽빽한 대나무 숲, 시원하게 흐르는 강, 크고 작은 신사와 사찰, 몸을 풀 수 있는 온천까지 없는 게 없다. 특히 벚꽃이 피는 봄, 단풍이 드는 가을의 아라시야마는 각별하다.

Spot Information

① 교토 역
② 교토 타워
③ 키요미즈데라
④ 야사카 신사
⑤ 기온
⑥ 난젠지
⑦ 헤이안 신궁
⑧ 긴카쿠지
⑨ 시조카와라마치
⑩ 니조성
⑪ 교토 고쇼
⑫ 킨카쿠지
⑬ 료안지
⑭ 텐류지
⑮ 아라시야마
⑯ 토게츠쿄

*교토 타워의 경우 실제로는 교토 역 북쪽에 위치

⑨ 33.58777,130.39585 ▶ google GPS
Map → ③-E-3 ▶ 지도 맵코드

시조카와라마치 (p.085)

1년 365일, 24시간 현지인과 여행자로 북적이는 교토의 중심. 여행을 하다보면 하루에도 몇 번씩 이 부근을 지나가게 된다.

긴카쿠지 (p.076)

히가시야마 지역의 가장 북쪽인 긴카쿠지를 본 후 철학의 길을 따라 내려오는 코스는 교토에서 가장 걷기 좋은 코스다.

키요미즈데라, 야사카 신사, 기온 (p.070)

교토, 나아가 일본의 상징 중의 하나인 키요미즈데라. 니넨자카, 산넨자카를 거쳐 기온까지 옛 모습이 고스란히 남아있다.

니조성, 교토 고쇼 (p.087)

니조성은 쇼군, 교토 고쇼는 왕의 거처로 일본 정치의 배꼽과도 같은 곳이었지만 지금은 누구에게나 열린 공간이 되었다.

교토 역 (p.086)

일본 전국에서 수시로 열차가 드나들고 역 앞 버스 정류장에서는 40개가 넘는 노선이 오고간다. 명실상부 교토 여행의 시작과 끝!

P L A N
─── KYOTO ───

YOUR TRIP

쉽게 다가가기 어려운 새침한 전학생 같은 도시 교토.
본격적으로 여행을 떠나기 전 조금만 공부하면 교토에서 보내는 시간이 더욱더 편안하고 즐거워질 것이다.

면적 4,612.19 km²

교토부의 면적은 4,612.19km²로 일본의 47개 행정구역 중 앞에서 31번째. 여행자가 많이 찾는 지역인 교토 시의 면적은 827.83km²로 서울(605.21km²)보다 넓다.

인구 2.6 Million

교토부의 인구는 약 260만 명이다. 그 중 절반이 넘는 147만여 명이 교토 시에 산다. 최근 몇 년간 인구가 꾸준히 늘고 있다.

체류기간 90 Days

교토뿐만 아니라 일본 어느 도시든 여행을 목적으로 방문하는 사람은 90일까지 무비자로 체류할 수 있다.

기온 15.9 ℃

연평균 기온은 15.9도, 가장 더운 8월의 평균 기온은 32.4도, 가장 추운 1월의 평균 기온은 0.3도다. 기후는 사계절이 뚜렷한 우리나라와 비슷하지만 조금 더 덥다. 장마가 끝난 한여름에는 찌는 듯이 덥고, 겨울에도 영하로 내려가는 일이 드물다.

시차 0 Hours

공식적으로 우리나라와 일본은 시차가 없다. 하지만 남북으로 긴 일본의 어느 지역에 있느냐에 따라 실제로는 지역별로 차이를 느낄 수 있다. 교토는 우리나라보다 30분 정도 해가 빨리 뜨고 빨리 진다.

공휴일 16 Days

일본의 공휴일 수. 공휴일이 일요일인 경우 다음날인 월요일이 대체공휴일이 된다. 연말연시, 5월 초의 황금연휴, 8월 중순의 오본(우리나라의 추석) 연휴에는 긴 휴가를 갖는 편이다.

1月	1일	새해 첫날
	둘째 주 월요일	성년의 날
2月	11일	건국 기념일
3月	20일 혹은 21일	춘분
4月	29일	쇼와의 날
5月	3일	헌법 기념일
	4일	녹색의 날
	5일	어린이 날
7月	셋째 주 월요일	바다의 날
8月	11일	산의 날
9月	셋째 주 월요일	경로의 날
	23일 혹은 24일	추분
10月	둘째 주 월요일	체육의 날
11月	3일	문화의 날
	23일	근로감사의 날
12月	23일	일왕 탄생일

도심이동시간 1H 24min

교토부에는 공항이 없다. 주변 공항 중 이용하기 가장 편한 공항은 간사이 공항이다. 간사이 공항과 교토 역 사이에는 열차, 리무진 버스 등이 다닌다. 가장 빠른 이동수단은 JR특급 하루카 호로 편도 1시간 24분이 걸린다.

소요시간 1H 50min

인천공항에서 간사이 공항까지 걸리는 시간은 1시간 50분. 김포공항에서는 1시간 40분이 걸린다. 간사이는 우리나라 여행자가 많이 찾는 지역. 저가항공부터 시작해 하루에도 수십 편의 비행기가 뜨고 내린다. 내 일정에 맞는 비행시간을 찾는 일이 수월하다.

CHECK LIST

인사

우리나라와 달리 아침, 점심, 저녁의 인사말이 각각 다르지만 점심 인사말인 '콘니치와'만 알고 있어도 무난하다. 일본인이 특히 많이 쓰는 '스미마셍'은 미안하다는 뜻 이외에 가벼운 고마움을 표시할 때, 음식점에서 종업원을 부를 때, 길을 비켜달라고 할 때 등 여러 상황에서 유용하다. 교토를 여행하다 보면 '오오키니'란 말을 종종 들을 수 있는데 고맙다는 뜻의 '아리가토고자이마스'의 방언이다.

사진촬영 매너

카페 등의 상업시설이라도 사진촬영 금지인 곳이 종종 있다. 금지하는 곳이 아니더라도 찍기 전에 주인에게 양해를 구하는 편이 좋다. 박물관이나 기념관 등은 내부 사진촬영이 금지인 경우가 대부분이다. 신사나 사찰의 경우 내부는 사진촬영 금지인 곳이 많지만 정원 등 외부는 자유롭게 사진촬영이 가능하다. 박물관이나 기념관, 신사나 사찰 대부분이 삼각대와 셀카봉의 사용을 허용하지 않는다. 드론 역시 마찬가지.

흡연

교토 시는 시내 전역에서 노상 흡연을 금지하고 있다. 특히 '과태료 징수 구역'인 교토역 주변, 키요미즈데라와 기온 지역, 시내 중심부(시조카와라마치와 카라스마오이케 사이의 지역)에서는 지정된 장소 외에서 담배를 피우다 적발될 경우 바로 1,000엔의 과태료가 부과된다.

좌측통행

바닥이나 벽에 따로 진행방향을 표시해 놓지 않았다면 보행자도 자동차도 좌측통행이 기본이다. 자동차 운전석은 오른쪽에 있다.

와이파이

교토 시내 곳곳에서 무료 와이파이를 이용할 수 있다. 버스정류장이나 유명 관광지, 상업시설 등에 'KYOTO WIFI'라고 쓰여 있다면 간단한 등록만으로 자유롭게 이용이 가능하다. 통신사 소프트뱅크에서 제공하는 'FREE WI-FI PASSPORT'란 서비스도 있다. 교토뿐만 아니라 일본 전역에서 2주 동안 무료로 이용 가능하다.

교토 와이파이 이용 가능 공간
KANKO.CITY.KYOTO.LG.JP/WIFI/KO

영업시간과 마지막 주문

우리나라 음식점에 비하면 영업시간이 짧은 편. 술을 파는 공간이 아닌 이상 저녁 7~8시에 문을 닫는 곳이 많다. 마감 30분~1시간 전에 마지막 주문을 받은 이후 주문을 받지 않는 곳이 대부분이므로 영업시간과 함께 마지막 주문시간도 확인하자. 인기가 있는 가게의 경우 그날 준비한 식재료가 떨어지면 바로 영업을 종료하는 경우도 많다.

현금

생각보다 신용카드 사용이 불편하다. 특히 신사나 사찰 등의 입장권을 살 때, 작은 가게에서 계산할 때 등은 현금만 받는 경우가 많으므로 환전은 넉넉하게 해가는 편이 좋다. 편의점 세븐일레븐에는 한국어를 지원하는 ATM 기계가 있고 여행자가 많이 찾는 도시답게 시내 곳곳에 환전소가 마련되어 있다.

콘센트

일본은 100볼트를 사용한다. 변환 플러그는 시중에서 쉽게 구할 수 있고 공항에 있는 통신사 카운터에서 대여도 가능하다.

☑ FESTIVAL

우아하고 고요한 도시 교토와 축제는 얼핏 어울리지 않아 보인다.
하지만 시끌벅적 요란하게 먹고 마시며 유흥을 즐기는 것만이 축제는 아니다.
천년고도의 자부심을 보여주며 고유의 전통과 문화를 올곧이 지켜나가는 교토의 축제.
지극히 '교토스러운' 시간을 여행자에게 선물해줄 것이다.

아오이 마츠리

5月 / 아오이 마츠리葵祭

카모 씨족을 모시는 시모가모 신사와 카미가모 신사의 가장 큰 행사로 교토 3대 마츠리 중 하나. 헤이안 시대 때만 해도 마츠리라고 하면 바로 아오이 마츠리를 가리킬 정도였다. 헤이안 시대 옛 왕실의 신사참배를 재현한 행렬은 교토 고쇼를 출발하여 시모가모 신사를 들렀다가 카미가모 신사에 도착한다. 매년 5월 15일에 열린다.

7月 / 기온 마츠리祇園祭

교토 3대 마츠리 중 하나이자 일본 3대 마츠리로 꼽히는 기온 마츠리. 유래는 지금으로부터 약 1,100년 전인 869년으로 거슬러 올라간다. 교토에 역병이 돌아 많은 인명 피해가 발생하자 원혼을 달래고 신에게 역병 퇴치를 기원하며 시작됐다. 야사카 신사에서 모시는 신을 가마에 태워 속세의 임시 안치소까지 가는 '신코사이神幸祭'가 17일, 다시 신사로 돌아가는 '칸코사이還幸祭'가 24일이고 그 사이의 일주일이 7월 한 달 내내 열리는 기온 마츠리의 하이라이트다. 특히 화려하게 꾸민 수레인 야마보코山鉾의 순행은 기온 마츠리의 가장 큰 볼거리.

기온 마츠리

8月 / 고잔노오쿠리비五山送り火

밤하늘에 선명하게 떠오르는 붉은 빛은 교토의 여름을 대표하는 풍경. 원래 오쿠리비는 오본의 행사 중 하나로 오본 때 땅으로 돌아온 선조의 영혼을 다시 저 세상으로 돌려보낸다는 뜻을 담고 있다. 다섯 군데의 산에서 불을 밝히는데 '큰 대大' 자가 쓰여 있는 히가시야마의 다이몬지야마大文字山가 가장 유명하다. 매년 8월 16일 밤 8시에 시작한다.

고잔노오쿠리비

10月 / 지다이 마츠리時代祭

교토 3대 마츠리 중 하나. 1895년 교토 천도 1,100년을 맞이하여 세워진 헤이안 신궁의 가장 큰 행사다. 철저한 고증을 통해 교토가 일본의 수도였던 천 년이 넘는 역사를 재현한 행렬은 그야말로 교토에서만 가능한 모습. 2천 명이 넘는 사람이 참가해 2km에 달하는 행렬을 만들어낸다. 교토로 천도한 날인 10월 22일 열린다.

지다이 마츠리

1895년 교토 천도 1,100년을 맞이하여 세워진 헤이안 신궁의 가장 큰 행사.

사 진 '간사이 관광본부' 사진작가 김경우 제공

HISTORY

교토의 볼거리는 대부분 신사와 사찰, 그리고 일본 왕실이 남긴 흔적들이다.
교토가 일본의 수도였던 천 년 동안 수많은 사건이 이 도시에서 일어났다.
어쩌면 발끝에 치이는 돌멩이 하나도 예사롭지 않은 물건일지 모른다. 간단하게나마 역사를 알고 간다면
고만고만하게 보였던 문화재들이 달리 보일 것이다. 아는 만큼 보인다고 하지 않았는가!

700

794 — 간무 일왕이 수도를 헤이안쿄平安京
(교토의 옛 이름)로 옮기나.
천년고도 교토의 역사가 시작되다.

미나모토노 요시츠네(1159~1189) — 1159
가마쿠라 막부 초대 쇼군이 되는 미나모토노
요리토모 휘하에서 활약하다 결국 자살로 생을
마감한 비운의 무장. 일본인의 절대적인 지지를
받고 있다. 쿠라마데라를 비롯해 교토 곳곳에
그의 흔적이 남아있다.

1300

1336 — 아시카가 다카우지가 쇼군이 되며 무로마치
막부가 열리다. 정치의 중심은 가마쿠라에서
다시 교토로.

킨카쿠지 — 1397
교토여행에서 빼놓을 수 없는 명소인 킨카쿠지는
무로마치 막부의 3대 쇼군 요시미츠의 별장에서
시작했다. 그의 사후 선종 사찰로 개축.

1400

1467 — **오닌의 난**
1467년 쇼군의 후계자 다툼과 부하 장수들의
하극상이 원인이 되어 발생. 이후 교토는
자그마치 12년 동안 전장이 된다.
수많은 신사, 사찰이 소실됐고 약 6백 년간
계속되었던 기온 마츠리도 일시 중지.
일본은 군웅할거의 전국시대로.

긴카쿠지와 히가시야마 문화 — 1490
무로마치 막부 8대 쇼군 요시마사가 지은 별장.
긴카쿠지에서 무사, 귀족, 승려의 문화가 융합된
히가시야마 문화가 탄생한다.
가무극의 일종인 노能, 다도, 간결한 정원 등
우리가 '일본적인 것'이라고 할 때 떠오르는
것들이 이때부터 유행하기 시작.

1500

1590 — **전국통일**
1590년, 도요토미 히데요시가 일본 전국통일을
이루다. 우리에겐 임진왜란의 원흉이지만
교토의 시가지를 지금의 모습으로 깔끔하게
정리한 사람이 바로 도요토미 히데요시다.

1600

에도 막부와 니조성 — 1603
1603년, 도쿠가와 이에야스가 초대 쇼군이 되며
에도 막부가 열린다. 정치의 중심은 다시
동쪽으로 이동하지만 오닌의 난 등으로 소실됐던
교토의 신사, 사찰 등은 대부분 이때 재건된다.

1800

1867 — **대정봉환**
막부 말 혼란의 교토. 그 와중에 1867년
니조성의 니노마루 궁전에서 쇼군이 통치권을
일왕에게 돌려주겠다고 선언.
이로써 무사가 최고 권력자 행사를 하던
막부 시대는 막을 내린다.

메이지유신 — 1868

1869 — **도쿄 천도**
1869년, 수도가 도쿄로 옮겨가며 교토는
수도의 지위를 내려놓고 역사의 뒤안길로.

KYOTO
THE BEST DAY COURSE

1day
여행 첫째 날

교토 역
↓
후시미이나리타이샤
↓
키요미즈데라
↓
산넨자카, 니넨자카
↓
야사카 신사
↓
기온
↓
텐슈
↓
하나미코지
↓
니조성
↓
교토 고쇼
↓
시조카와라마치

2day
여행 둘째 날

교토 역
↓
긴카쿠지
↓
철학의 길
↓
난젠지
↓
야마모토멘조
↓
헤이안 신궁
↓
츠타야 서점
↓
산조대교
↓
폰토초

3day
여행 셋째 날

교토 역
↓
킨카쿠지
↓
료안지
↓
타이쇼하나나
↓
텐류지
↓
치쿠린
↓
노노미야 신사
↓
아라비카 교토 아라시야마
↓
토게츠쿄
↓
후후노유

+1day
근교나들이

우지 혹은 오하라

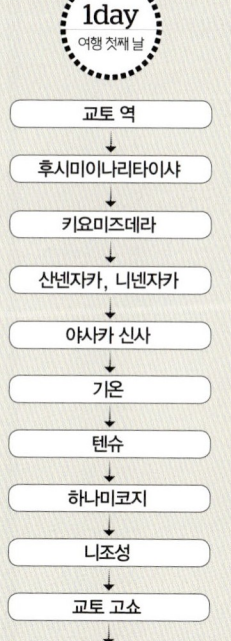

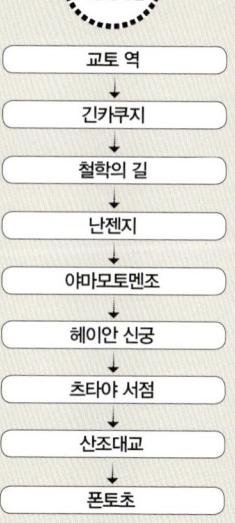

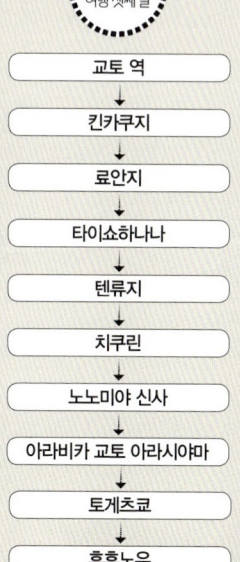

1 day
여행 첫째 날

08:00 am 교토 역

여행의 시작은 교토 역에서부터. JR 나라선을 타면 후시미이나리타이샤까지 15분!

08:30 am 후시미이나리타이샤

끝이 보이지 않는 주홍빛 토리이의 행렬은 영화 속 장면 그대로. 하지만 워낙에 인기 있는 관광지라 결정적 한 컷을 얻기 위해 약간의 기다림이 필요할지도 모른다.

11:00 am 키요미즈데라

어떤 길을 택하든 오르막은 피할 수 없지만 좁은 길 양옆으로 재밌는 공간이 가득하니 그다지 힘들지 않다. 길의 끝에는 키요미즈데라 본당 무대와 함께 교토 시내의 절경이 기다리고 있다.

14:30 pm 니조성

도쿠가와 이에야스의 명령으로 세워진 니조성. 우리가 흔히 알고 있는 일본의 다른 성들과 달리 높은 탑이 없어 성이라기보다는 귀족의 저택 같아 보인다.

13:00 pm 텐슈

짧은 점심 영업시간 내내 기다림을 감수해야 하는 텐동집. 끊임없이 들어오는 주문을 처리하며 일사분란하게 움직이는 요리사들의 모습은 마치 군무와 같이 깔끔하다. 텐동의 맛이야 두말하면 잔소리!

12:00 pm 산넨자카, 니넨자카

기온 방향으로 가기 위해서 올라올 때와는 다른 길을 선택해 내려간다. 옛 모습이 그대로 남아있는 길을 걷다보면 마치 에도 시대로 시간여행을 와있는 듯하다.

16:00 pm 교토 고쇼

도쿄 천도 이전까지 5백 년이 넘게 일왕의 거처이자 집무실로 사용된 왕궁. 옛 영화를 뒤로 하고 지금은 도심 속 녹지로 교토 시민에게 사랑받고 있다.

17:30 pm 하나미코지도리

기온의 중심을 남북으로 가로지르는 거리. 시조도리의 남쪽과 북쪽의 모습이 확연히 다르다. 과거에 켄닌지의 영지였던 남쪽은 옛 모습이 그대로 보존되어 있다. 운이 좋으면 출근하는 게이코와 마이코를 만날 수 있을지도.

18:30 pm 시조카와라마치

교토 제일의 번화가. 대부분의 볼거리가 오후 5시면 문을 닫는 교토에서 늦게까지 불이 꺼지지 않는 지역이 바로 시조카와라마치다. 저녁식사와 함께 디저트, 술까지 한 번에 해결이 가능하다.

2 day
여행 둘째 날

08:00 am 교토 역

오늘은 버스 1일승차권을 야무지게 활용해 버스로만 이동하는 날. 긴카쿠지로 가기 위해서는 A1 정류장에서 5번 버스를 타는 게 제일 편하다.

09:30 am 긴카쿠지

볼거리가 많은 히가시야마의 북쪽 끄트머리를 조용히 지키는 긴카쿠지. 킨카쿠지를 본보기 삼아 은으로 씌운 누각을 만들려 했으나 물자 조달의 어려움으로 검은 옻칠로 마감했다고 하는데 그 고즈넉함이 오히려 교토와 더 잘 어울리는 건 왜일까?

10:30 am 철학의 길

긴카쿠지에서 에이칸도까지 이어지는 길. 길의 끝까지 가다보면 출발 지점에서 만났던 사람들은 어느새 하나둘 사라지고 길 위에 혼자 서있는 자신을 발견할지도 모른다. 하지만 벚꽃 시즌과 단풍 시즌에는 인파로 넘쳐난다.

14:30 pm 헤이안 신궁

천년고도 교토에서는 비교적 나이가 어린 편에 속하지만 그 깊이는 결코 얕지 않은 곳이 바로 헤이안 신궁. 넓은 부지에 잘 조성된 공원은 여행자에게 좀 쉬어가라고 말을 건다.

13:00 pm 야마모토멘조

굳이 이렇게 기다려가면서까지 먹어야 할까 싶다가도 궁금증을 이기지 못하고 줄을 서게 된다. 우엉튀김과 함께 뜨끈한 국물을 들이키는 순간 기다리던 시간의 짜증은 국물과 함께 저 깊은 곳으로 넘어간다.

11:30 am 난젠지

사찰 한가운데에 벽돌로 만든 수로각이라니! 그 뜬금없는 만남이 시간이 쌓이며 조화를 이루었다. 이제는 난젠지보다 수로각을 보러오는 사람이 더 많을 정도. 교토에서 사진이 제일 잘 나오는 장소 중 한군데다.

15:00 pm 츠타야 서점

다른 츠타야 서점보다 매장 면적은 좁을지 모르나 헤이안 신궁과 오카자키 공원이라는 넓은 정원을 가진 특별한 츠타야 서점. 역시나 스타벅스와 협업을 했다.

16:00 pm 산조대교

교토의 젖줄 카모강을 가로지르는 다리 중 하나. 많은 역사적 사건이 이 다리에서 일어났기 때문에 단순히 물리적 다리 이상의 의미를 갖는다. 카모강의 동서를 오가는 사람과 자동차가 언제나 바쁘게 움직이는 곳.

17:00 pm 폰토초

낮에는 사람이 있는 듯 없는 듯 조용하다가 해가 져야 비로소 활기가 도는 거리. 현재 교토에 남아있는 다섯 군데의 카가이 중 한군데다. 두 명이 지나가면 어깨가 닿을 정도로 좁은 골목엔 술집과 음식점이 빼곡하게 들어섰다.

3 day
여행 셋째 날

 08:00 am 교토 역

버스와 열차를 효율적으로 이용해 교토의 북서쪽과 아라시야마를 둘러보는 날. 우선 C1 정류장에서 킨카쿠지로 가는 205번을 타자.

 09:00 am 킨카쿠지

미시마 유키오의 소설 <금각사> 때문에 어쩐지 강렬한 인상으로 남아있는 킨카쿠지. 하지만 막상 가보면 교토의 여느 사찰과 다를 바 없이 정결하다. 햇빛 아래 반짝이는 금빛 누각은 먼 길을 달려온 보람을 느끼게 해줄 것이다.

10:15 am 료안지

하얀 모래 위에 15개의 돌이 덩그러니 놓여 있을 뿐인데 한없이 바라보게 되는 마력을 가진 방장정원이 매력적인 료안지. 아라시야마로 이동할 때는 료안지 역에서 란덴을 타자.

 13:30 pm 치쿠린, 노노미야 신사

낮에도 어두울 정도로 키가 큰 대나무 숲의 모습은 아라시야마를 대표하는 풍경 중 하나. 숲 초입에 있는 아담한 노노미야 신사는 사랑을 이루어주는 신사로 알려져 있어 사람들의 발길이 끊이지 않는다.

 12:45 pm 텐류지

아라시야마에서 가장 많은 여행자가 찾는 사찰. 일본 최초로 사적·특별명승지로 지정된 소겐치 정원이 특히 아름답다.

 11:30 am 타이쇼하나나

귀한 분과 함께 가고 싶은 음식점. 대표메뉴인 타이차즈케고젠은 도미의 두께와 쌀의 종류 등 하나부터 열까지 세심하게 신경 쓴 흔적이 역력하다.

 15:00 pm 아라비카 교토 아라시야마

커피 맛의 호불호는 갈릴 수 있지만 정말 절묘한 위치에 자리 잡았다는 사실만큼은 인정할 수밖에 없다. 시원하게 흐르는 카츠라강을 바라보며 마시는 커피에서는 아라시야마의 맛이 느껴진다.

 15:20 pm 토게츠쿄

카츠라강에 걸린 토게츠쿄를 봤을 때야 비로소 '아 내가 아라시야마에 와 있구나.'란 생각이 든다. 다리의 한가운데서 바라보는 아라시야마도 아름답고 아라시야마를 배경으로 한 다리의 모습도 아름답다.

17:00 pm 후후노유

다른 도시에 비해 유난히 많이 걸어야 하는 도시 교토. 뜨끈한 온천에 몸을 담그며 여행 중 쌓인 피로를 푸는 시간이다. 숙박이나 식사의 조건 없이 온천욕만 가능해 주머니가 가벼운 여행자에겐 고마운 장소.

PREVIEW: KOYTO, OLD & NEW

懐かしいまた新しい
그대로인 것, 그리고 새로운 것

일본의 그 어느 도시를 가더라도 교토만큼 오래되지 않았고 교토만큼 새롭지 못하다. 신구가 절묘한 조화를 이루며 삶에 녹아든 공간을 거니는 사람은 저도 모르는 사이에 시간 여행자가 된다.

01
古都に漂う珈琲の香り：
커피 향 감도는 오래된 도시

02
あくまでも、京都らしく：
마치야, 어디까지나 교토스러운

1
PREVIEW

古都に漂う珈琲の香り

커피 향 감도는 오래된 도시

교토의 거리는 쌉싸름한 녹차 향이나 알싸한 선향線香의 향으로 가득할 것만 같은 환상이 있었다. 하지만 막상 그 거리엔 고소한 커피 향이 감돌고 있었다.

교토 사람들의 피에는 카페인이 흐른다?

재밌는 통계를 보았다. 일본에서 2016년 한 해 동안 한 가구(2인 이상)에서 소비한 커피의 양이 가장 많은 행정구역은 어디일까? 정답은 바로 교토부. 전국 평균이 2,353g인데 비해 교토의 평균은 3,427g으로 자그마치 1kg 이상 차이가 난다. 아, 물론 이건 집에서 소비하는 커피의 양이다. 그렇다면 밖에서는? 인구 10만 명 당 카페 수를 통계 내봤을 때도 교토부는 전국 47개의 도도부현 중에서 8위를 차지했다. 참고로 한 가구가 먹는 빵의 양도 교토부가 전국 평균의 1.5배로 압도적인 1위! 커피를 마시는 만큼 빵을 먹는다고 생각하면 자연스레 이해가 될지도 모른다. 그러고 보니 교토의 카페에선 어딜 가나 두툼하고 촉촉한 토스트를 팔고 있었다. 전통의 이미지가 강한 교토지만 의외로 '모던보이'와 '모던걸'의 도시일지도?

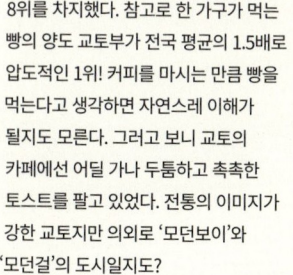

> "블렌드 커피보다는
> 손님이 좋아하는 맛을 찾아낼 수 있는 공간이 되길."
>
> 팩토리 카페 코센 오너 바리스타 세토 사라사 瀬戸更紗

커피의 일본 상륙

일본에 커피라는 서양 음료가 들어온 때는 에도 시대 초기. 하지만 대중에게 받아 들여지기 시작한 시기는 메이지 유신 이후부터. 개항과 함께 나가사키와 요코하마, 고베 등 항구도시에 외국인 거주지역이 만들어지면서 커피를 마시는 문화도 자연스레 일본인의 일상생활에 들어오게 되었다. 하지만 처음엔 커피만 단독으로 내는 커피 전문점은 아니었다. 커피는 어디까지나 호텔이나 서양식 음식점에서 식사 후에 마시는 조연일 뿐이었다. 매장에서 직접 커피 원두를 볶는 카페로써는 현재 교토에 남아 있는 카페 중 가장 오랜 역사를 자랑하는 스마트 커피SMART COFFEE(1932년 개업) 역시 처음엔 '스마트 런치'라는 이름의 서양 음식점에서 출발했다는 사실이 그리 놀랍지만은 않다.

찻집에서 다방으로

일본엔 커피가 들어오기 이전부터 차를 마시는 문화가 있었다. 특히 신사나 사찰이 많은 교토엔 참배객을 대상으로 하는 찻집 문화가 뿌리 깊게 자리하고 있었다. 교토 사람들이 '기온상'이라는 애칭으로 부를 정도로 그들에게 친숙한 신사인 야사카 신사(p.075) 내부에 있는 니켄차야(p.047)는 무려 그 역사가 480년에 이를 정도. 멀리서 온 참배객에게 차와 함께 간단한 요깃거리를 판매하는 찻집은 꽤 든든한 공간이었으리라. 완전히 디저트 카페로 변한 니켄차야는 예외적인 경우이고 교토 시내의 신사와 사찰의 경내엔 지금도 직접 운영하는 찻집이 있다. 오하라의 호센인(p.127)의 입장료에는 맛차抹茶와 화과자가 아예 포함되어 있어 차를 마시며 액자 정원을 즐길 수 있다. 교토에서 커피를 가장 먼저 낸 찻집이 어딘지 정확히 알려진 바는 없으나 키요미즈데라(p.071) 경내에 있는 '추보쿠차야'忠僕茶屋를 찍은 막부 말기의 흑백 사진에서 'コーヒ菓子'(커피 과자)라고 쓰인 메뉴가 벽에 걸려 있는 모습을 볼 수 있다. 다방을 일본어로 킷사喫茶(또는 킷사텐)라고 하는데 한자를 풀이하면 '차를 마시다'라는 뜻이다. 하지만 다방에서 파는 음료는 차가 아닌 커피. 찻집 문화와 다방 문화는 결국 그 맥을 같이하고 있는 건지도 모른다.

교토의 1세대 다방

교토에 지금까지 그 명맥을 이어나가고 있는 오래된 다방이 하나 둘 생겨나기 시작한 건 1930년대. 일본에 전쟁의 그늘이 짙게 드리웠던 시기이기도 하다. 당시에 문을 연 교토의 다방은 단순히 커피를 파는 공간만이 아니었다. 1930년 교토 대학 북문 쪽에 문을 연 카페 신신도(p.037). 지금은 빵집으로 더 잘 알려져 있지만 그 역사를 돌아보면 교토를 대표하는 1세대 카페의 대표라고 해도 부족함이 없다. 창업자인 츠즈키 히토시続木斉은 빵을 배우러 프랑스로 유학한 최초의 일본인이다. 하지만 프랑스 빵보다는 카페 문화가 그에겐 더 인상적이었다. 한 손엔 커피, 한 손엔 책 혹은 신문을 들고 자유롭게 토론을 나누는 지식인의 모습을 일본에서도 보고 싶었다. 그런 바람으로 탄생한 신신도는 지금도 당시의 모습을 그대로 간직한 채 매일 수많은 학생을 맞이하고 있다. 1934년 문을 연 프란소와 킷사시츠(p.033)는 진보적 지식인이 모이는 살롱이었다. 창업자인 타테노 쇼이치立野正一는 화가이자 사회주의자로 아직 대학생일 때 프란소와 킷사시츠를 개업했다. 어느 분야에서든 자유롭지 못했던 그 시기에 프란소와 킷사시츠엔 자유를 갈망하는 예술가가 모였다. 다방 한쪽엔 서양의 서적을 모아놓은 서가도 있었다.

일상의 음료가 된 커피

사람도 물자도 모두 군국주의와 전체주의의 군홧발에 짓밟힌 1930년대 후반부터 1945년까지는 암흑기였다. 신신도에서, 프란소와 킷사시츠에서 커피를 마시는 이들이 불온한 사상을 가진 사람들이라 커피를 팔 수 없었던 게 아니라 '사치품'인 커피 원두를 구할 수 없어서 커피를 팔 수 없는 시대였다. 지금은 교토를 대표하는 카페가 된 이노다 커피(p.037)는 1940년 커피용품을 팔던 도매상에서 출발했다. 하지만 1943년 일시 휴업 후 한동안 교토를 떠나 있을 수밖에 없었다. 전쟁이 끝난 후에도 상황은 쉬이 나아지지 않았다. 그 와중에 1946년 영업을 재개한 이노다 커피엔 커피용품을 팔던 시기에 취급하던 '진짜' 커피 원두가 남아 있었다. 교토의 모던보이와 모던걸은 앞다투어 이노다 커피로 달려갔고 이노다 커피는 교토의 새로운 살롱이 되었다. 도매상인 이노다 커피엔 귀한 커피 원두가 대량으로 남아 있어 바로 영업을 재개할 수 있었는데 다른 다방은 어땠을까? 요즘엔 카페에서 쓰는 원두를 직접 볶는 자가 배전(自家焙煎)이 익숙한 방식이지만 당시만 해도 아니었다. 커피를 판매하는 많은 가게는 이노다 커피 같은 도매상에게 원두를 받아 썼다. 하지만 교토의 다방은 달랐다. 배전기로 볶은 손으로 볶은 원두를 직접 볶아 쓰는 가게가 많았다. 덕분에 교토 사람들은 커피가 들어온 초기부터 다양한 원두 맛을 보며 섬세하게 자신의 취향을 키울 수 있었다. 백 년 노포가 흔한 교토에선 다방 역시 작정하고 먼 미래를 바라본 건지도 모른다. 츠키지築地(1934년 개업), 운젠珈琲の店雲仙(1935년 개업), 시즈카喫茶静香(1938년 개업) 등 1930년대에 문을 연 다방도 건재한 가운데 소와레SOIREE(1948년 개업), 로쿠요샤六曜社喫茶店(1950년 개업) 등 새로운 다방이 계속해서 등장하며 커피는 교토 사람들의 일상에 빠질 수 없는 음료가 되었다.

> **"**
> 일본의 학생들도 서구권의 에스프리(기지, 재치라는 뜻의 프랑스어)를 느끼고 장래에 세계에서 활약하길 바랍니다.
> 신신도 창업자 츠즈키 히토시
> **"**

오래된 것과 새로운 시도의 공존

교토 사람들의 커피 사랑도 일본 거품경제의 붕괴 앞에선 어쩔 수 없었다. 커피 소비량과 다방의 숫자가 줄어들었다. 오랜 단골도 함께 나이가 들고 맛있는 커피만으로는 힘들어진 그 시대에 다방이 아닌 '카페'가 등장했다. 커피 맛만큼 식사와 디저트를 신경 쓰는 카페, 카모강이 내려다보이는 전망 좋은 카페, 에스프레소 머신을 사용하는 카페가 생겨났다. 불황을 넘어선 오래된 다방들은 더욱 단단해졌다. 다방은 크게 카페라는 분류 안에 들어갔고 새로운 스타일의 카페와 어깨를 나란히 했다. 커피 원두의 산지와 생산자까지 고려하는 스페셜티 커피의 등장은 또 한 번 커다란 변화의 바람을 몰고 왔다. 클램프 커피 사라사(p.030), 팩토리 카페 코센(p.031) 등의 로스터리 카페에서 높이 쌓인 커피 원두 포대와 거대한 배전기가 돌아가는 장면은 일상적인 풍경이 되었다. 좁은 공간을 효율적으로 활용하는 커피 스탠드는 커피가 특정 계층의 전유물이었을 때는 상상도 할 수 없는 모습이다. 빈집이나 폐공장, 폐교 등 제 역할을 다한 공간을 활용한 카페가 최근 몇 년 사이 많이 늘어났다. 2014년 교토시의 '빈집 활용X마을 만들기 모델 프로젝트' 공모에 선정돼 만들어진 이토노와itonwa라는 공간에는 굿 타임 커피GOOD TIME COFFEE란 이름의 카페가 있다. 굿 타임 커피는 카페이면서 '라이프 디자인 커뮤니티'를 표방한다. 현재는 옆 건물로 이전했지만 원래 폐교의 교무실을 개조해 영업했던 트래블링 커피(p.033)가 중심이 되어 2016년부터 '엔조이 커피 타임'이라는 이벤트가 정기적으로 열리고 있다. 교토의 카페와 로스터리가 한자리에 모이는 이 이벤트는 손님 입장에서도 반갑고 카페들끼리는 새로운 교류의 장이 된다. 과거의 다방이 지식인, 예술인이 모이는 살롱이었다면 최근의 카페는 주인의 삶의 방식을 나누는 공간이자 주변 가게와 연대하여 마을에 활기를 가져오는 공간이 되기도 한다.

지난해와 올해 생긴 카페가 10년 후, 30년 후 어떤 모습일지. 그때 새로 생긴 카페와 어떤 조화를 이룰지. 그리고 백 년 노포가 된 다방들은 그때도 굳건히 자리를 지켜줄지. 교토의 카페는 이 도시의 일상 속에서 계속 진화 중이다.

> **"커피는 어디까지나 조연.
> 대화에 푹 빠져 주문한 커피를 마시는 걸 잊어도 좋아요."**
> 카모가와 카페 오너 바리스타 다카야마 다이스케 高山大輔

2 PREVIEW

あくまでも、京都らしく

마치야, 어디까지나 교토스러운

일부러 찾아볼 필요도 없다. 눈이 머무는 곳, 발길이 닿는 자리마다 아주 오래전부터 그 자리에 있었던 교토의 전통 가옥. 누군가는 저녁밥을 지었고 누군가는 단골손님과 하릴없이 수다를 떨었던 오래된 집들은 외국인 여행자에겐 이국의 정취를 느낄 수 있는 공간으로, 일본인에게 아련한 추억을 떠올리게 하는 공간으로 다시금 주목받고 있다.

'마치야'가 도대체 뭐지?

마치야(町屋, 町家)는 상업시설을 포함하고 있는 일본의 옛 민가를 통틀어서 부르는 말이다. 교토에는 오랜 역사를 지닌 신사나 사찰도 많지만 서민이 살던 마치야 역시 일본의 다른 도시보다 많이 남아 있고 그 집들은 특별히 쿄마치야(京町家)라고 불린다. 사실 막부 말 쉴 새 없는 전란 속에 교토 시가지가 큰 피해를 입었기에 지금 남아 있는 전통 가옥은 대부분 메이지 유신 이후에 만들어진 것이다. 물론 메이지 유신 이후라고 해도 이미 150년 이상 된 건물들이긴 하지만. 기온이 영하로 내려가는 날이 드문 겨울보다 덥고 습한 여름을 나는 게 더 중요한 교토의 특성을 고려해 마치야는 바람이 잘 통하는 구조로 지어졌고 작더라도 꼭 정원을 만들어 식물과 물을 두었다. 물론 단정하게 지어진 목조 가옥에 앉아 정원을 바라보는 시간은 어느 계절이든 그 자체만으로 소중하다.

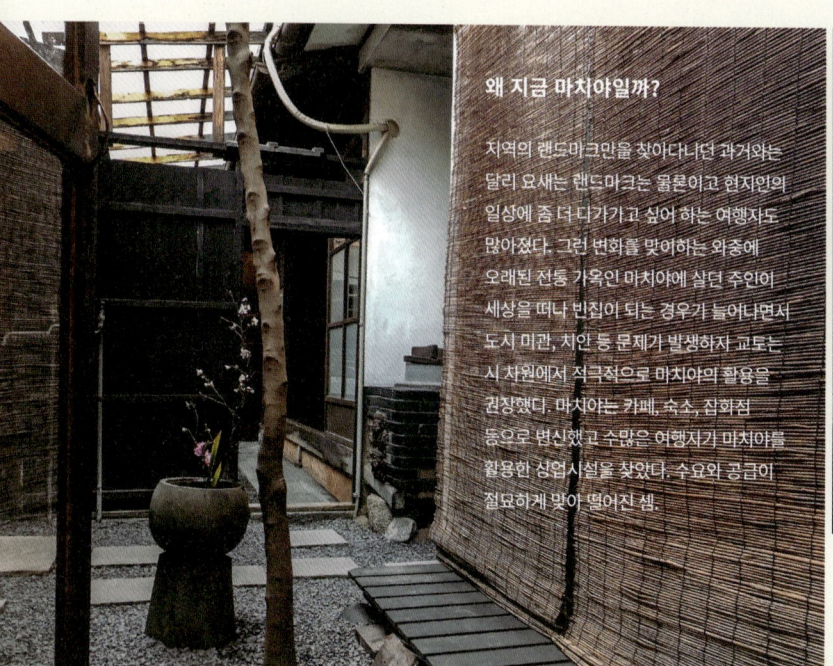

왜 지금 마치야일까?

지역의 랜드마크만을 찾아다니던 과거와는 달리 요새는 랜드마크는 물론이고 현지인의 일상에 좀 더 다가가고 싶어 하는 여행자도 많아졌다. 그런 변화를 맞이하는 와중에 오래된 전통 가옥인 마치야에 살던 주인이 세상을 떠나 빈집이 되는 경우가 늘어나면서 도시 미관, 치안 등 문제가 발생하자 교토는 시 차원에서 적극적으로 마치야의 활용을 권장했다. 마치야는 카페, 숙소, 잡화점 등으로 변신했고 수많은 여행자가 마치야를 활용한 상업시설을 찾았다. 수요와 공급이 절묘하게 맞아 떨어진 셈.

마치야를 즐기는 여러 가지 방법

마치야를 온전히 경험하기 위해선 마치야에서 하룻밤을 보내는 것이 가장 좋은 방법이다. 물론 다른 도시에도 전통 가옥을 활용한 료칸 등이 있지만 교토엔 게스트하우스부터 료칸, 심지어 마치야 한 채를 통째로 내주는 숙소도 있다. 과거에 이 집에 살던 사람이 그러했듯 밥을 지어 먹고 차를 마시고 정원을 거닐면 교토에서 보내는 여행의 하루가 조금 더 특별해질 것이다.

EAT UP

'먹다 죽을' 도시의 이웃이라 제대로 평가받지 못한다는 사실이 억울할 따름이다.
천 년에 걸쳐 만들어진 식문화는 결코 만만하지 않다. 몇 백 년 동안 한자리를 지켜온 가게와
얼마 전에 생긴 가게가 사이좋게 어깨를 나란히 하는 도시가 바로 교토.
한 군데 두 군데 살펴보다보면 '먹다 죽을 도시 교토'란 표현이 더 이상 어색하게 느껴지지 않을 것이다.

8	1
CHOCOLATE	COFFEE STAND
	2
[THEME]	ROASTERY CAFE
MATCHA DESSERT	
	[THEME]
9	CAFE, OLD & NEW
BREAD	
10	3
A SOLID MEAL	BREAKFAST WITH COFFEE
11	4
NOODLE	LUNCH AT A CAFE
12	5
SUSHI	RIVERSIDE CAFE
13	6
CURRY	TAMAGO SANDO & CAFE
14	7
ALCOHOL	DESSERT

COFFEE STAND

바쁜 여행자를 위한
커피 한 잔의 여유

돈그리

이건 마치 선술집의
카페 버전 같다.
앉아서 편하게
쉴 자리는 없지만
솜씨 좋은 바리스타와
향긋한 커피 한 잔이
기다리는 곳,
커피스탠드.

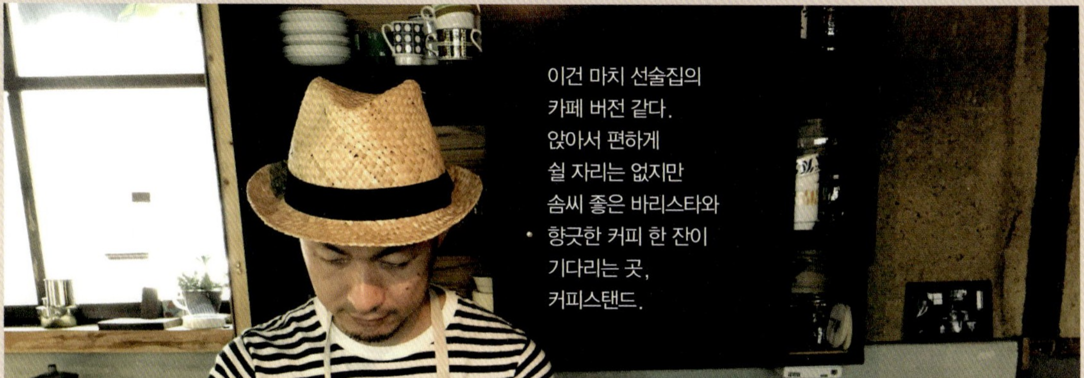

니조코야

COFFEE STAND

 1 니조성

NIJOKOYA
二条小屋
니조코야

경사진 도로에 위태롭게 놓인 입간판을 따라 주차장으로 들어가면 지붕에 커다랗게 커피라고 쓰인 작은 건물이 있다. 바짝 붙으면 여섯 명 정도 서서 마실 수 있는 카운터 밖에 없지만 이상하게 테이크아웃 손님보다 마시고 가는 손님이 더 많은 니조코야. 70년 된 건물을 개조해 2015년 문을 열었다.

- 京都市中京区最上町382-3
- 35.01125, 135.75031
- 11:00~20:00 수 휴무
- 핸드드립 커피 ¥410~
- Map → ②-B-3

 2 키요즈미데라

% ARABICA KYOTO
東山
아라비카 교토 히가시야마

'See the world through coffee'를 테마로 교토에서 시작해 전 세계로 뻗어나가고 있는 커피스탠드. 홍콩, 쿠웨이트, 오만 등에도 출점했지만 일본에는 오로지 교토에만 매장이 있다. 히가시야마점은 키요미즈데라를 보고 언덕을 한참 내려왔을 때 쉬어가기 딱 좋은 위치.

- 京都市東山区星野町87-5
- 34.99863, 135.77829
- 075-746-3669
- 08:00~18:00
- 아이스라테 ¥500 arabica.coffee
- Map → ①-E-3

 3 키요즈미데라

DONGREE
コーヒースタンドと暮しの道具店
돈그리

교토에 있는 로스터 다섯 군데의 원두를 조금씩 비교해가며 마실 수 있는 '교토 5개의 점포 테이스팅 세트'가 인기. 다섯 잔을 내리는데 딱 맞는 나무받침은 목공을 하는 지인이 직접 만들어줬다고 한다. 한 잔씩 정성스레 내리기 때문에 커피를 받기까지 15~30분 정도 걸린다.

- 京都市東山区池殿町214-4 青春画廊 1F
- 34.9966, 135.77248
- 075-746-2299
- 08:00~17:00 화 휴무
- 테이스팅 세트 ¥1,200
- 핸드드립 커피 ¥400 dongree.work
- Map → ①-E-4

 4 카와라마치산조

WEEKENDERS COFFEE
富小路
위크앤더스커피 토미노코지

눈보다 코가 먼저 장소를 찾아낸다. 커피 향기를 따라가니 요리조리 뜯어봐도 평범하기 그지없는 주차장의 가장 안쪽에 단정하게 앉아있는 2층짜리 단독주택이 나타난다. 직접 볶은 원두로 내려주는 커피 한 잔은 이른 아침 정신을 바짝 들게 해주는 고마운 존재다.

- 京都市中京区富小路通六角下ル西側骨屋之町560離れ
- 35.00678, 135.76449
- 075-746-2206
- 07:30~18:00 수 휴무 (공휴일인 경우 영업)
- 핸드드립 커피 ¥470
- weekenderscoffee.com
- Map → ③-E-2

 5 니시혼간지

WANDERERS STAND
원더러스 스탠드

여행 중에 들렀던 포장마차에서 보낸 즐거운 시간을 연상하며 만든 커피 스탠드. 원두는 주인의 친구가 운영하는 도쿄의 유명한 리틀냅 커피 스탠드에서 받아왔다. 니시혼간지를 본 후에 들르기 좋은 위치. 시내 다른 지역과 비교했을 때 이 근처엔 괜찮은 카페가 없어서 원더러스 스탠드는 한줄기 단비와 같다.

- 京都市下京区八百屋町58 イチハタビル1F
- 34.99537, 135.75526
- 075-353-5958
- 월~금 08:00~14:00
  주말 08:00~17:00 수 휴무
- 드립커피 ¥400
- Map → ②-B-4

 6 교토 역

KURASU
쿠라수

교토 역에서 5분 거리에 있어 여행자와 현지인이 자연스럽게 어울리는 공간이다. 일본 전국의 로스터에서 원두를 받아오는데 원두 종류가 매월 바뀐다. 유쾌한 바리스타들은 외국인과도 자연스럽게 대화를 나누고 그 와중에 새로운 인연이 만들어지기도 한다.

- 京都市下京区油小路通塩小路下る油小路町552
- 34.98637, 135.75384
- 075-744-0804
- 08:00~18:00
- 라테 ¥400~
- kurasu.kyoto
- Map → ②-B-4

 7 시모가모 신사

LIGHT UP COFFEE KYOTO
라이트업 커피 교토

하늘색과 흰색의 조화가 경쾌한 매장으로 들어가면 붙임성 좋은 바리스타들이 환한 미소로 맞아준다. 핸드드립 커피를 주문하면 원두를 선택할 수 있는데 라이트업 커피에서는 고민할 필요 없이 교토 블렌드를 선택. 입안에 은은하게 퍼지는 꽃향기는 벚꽃이 화사하게 핀 봄날의 교토를 떠올리게 한다.

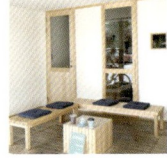

- 京都市上京区青龍町252
- 35.02959, 135.77009
- 075-744-6195
- 09:00~18:00
- 테이스팅 세트 ¥680
  핸드드립 ¥400~
- lightupcoffee.com
- Map → ②-C-1

ROASTERY CAFE

원두 볶는 냄새를 좇아서

일본에서 커피를 가장 많이 마시는 교토 사람들. 이젠 카페에서 마시는 것만으로는 모자란 모양이다. 최근 교토엔 직접 원두를 볶아 내는 카페가 눈에 띄게 많아졌다. 카페에서 맛을 본 후 원산지와 볶음 정도까지 신중하게 살펴본 다음에 사온 원두를 정성스레 내리는 모습, 어느덧 교토에선 일상적인 풍경이다.

클램프 커피 사라사

CLAMP COFFEE SARASA
클램프 커피 사라사

니조성

교토 시내에 '사라사'라는 이름이 붙어있는 카페에서 사용하는 원두는 모두 여기, 클램프 커피 사라사에서 볶는다. 니조성 근처에 있는 카페 겸 로스터는 오래된 창고 혹은 공장을 개조해서 만든 것 같다. 입구는 화분이 만든 터널, 창가 자리에 앉아도 싱그러운 초록이 보여서 기분이 좋다. 손님이 끊이지 않는 주말에도 한쪽에선 계속 원두를 볶으며 시음을 한다.

京都市中京区西ノ京職司町67-38
35.01141, 135.74567
075-822-9397
08:00-18:00 수 휴무
핸드드립 커피 ¥480
원두 100g ¥630
cafe-sarasa.com
Map → ②-B-3

ROASTERY CAFE

WIFE&HUSBAND
와이프 앤 허즈번드   [키타오지 역]

가게 이름은 '와이프 앤 허즈번드'고 대표 원두의 이름은 '도터daughter'라니! 이름에서 알 수 있듯이 이 공간은 부부 둘이 꾸려나가고 있고 딸을 생각하며 원두를 볶았다고 한다. 와이프 앤 허즈번드를 유명하게 만든 건 '보온병에 담긴 커피, 러스크, 머그, 테이블보'로 이루어진 피크닉 세트. 맑은 날 카모 강변에서 보내는 시간은 후시미이나리타이샤나 킨카쿠지에서 보내는 시간보다 더욱 오래도록 기억될지도 모른다.

京都市北区小山下内河原町106-6
35.04339, 135.76172 075-201-7324
10:00~17:00 (카페 마지막 주문 16:30 피크닉 세트 15:00)
월 목 주말 휴무(그외 부정기 휴무는 홈페이지 참조)
핸드드립 커피 ¥594, 원두 도터 블렌드 200g ¥1,404
피크닉 세트 1인당 ¥1,080 wifeandhusband.jp
Map → ⑤-E-2

MONOART COFFEE ROASTERS
모노아트 커피 로스터스   [시조카와라마치]

문을 열고 들어서면 시조카와라마치의 번잡함이 일순간에 사라지는 마법이 벌어진다. 모노톤으로 꾸며진 실내에서 오랜 시간 패션업계에서 일한 주인의 센스를 느낄 수 있다. 신선한 원두를 제공하기 위해 입구 바로 옆에 있는 아담한 크기의 로스터기를 사용하여 수시로 원두를 볶는다.

京都市下京区真町90-8
35.00342, 135.77025
075-744-0887
11:00~20:30
핸드드립 커피 ¥430
원두 오리지널 블렌드 100g ¥630
Map → ③-F-3

LATTEART JUNKIES ROASTING SHOP
라테아트 정키즈 로스팅 숍   [키타노텐만구]

2.5km 정도 북쪽에 본점이 있지만 여행자에게는 아무래도 키타노텐만구 근처에 있는 2호점이 좀 더 접근성이 좋다. 주인인 오니시 씨는 라테 아트 대회에서 몇 번이나 수상을 한 경력이 있는 실력자. 대회에서 만난 우리나라 바리스타들과의 교류도 활발하다고 한다. 외국인 손님이 오면 사진을 찍어 SNS에 올리는 등 유쾌한 성격이다. 대표 원두인 정키즈 블렌드는 브라질과 엘살바도르의 원두를 배합했다.

京都市上京区紙屋川町839-3 35.02739, 135.73458 075-463-6677
08:00~18:00 오늘의 커피 ¥432, 원두 정키즈 블렌드 200g ¥1,296
junkies-cafe.com Map → ②-A-2

FACTORY KAFE 工船
팩토리 카페 코센   [교토 고쇼]

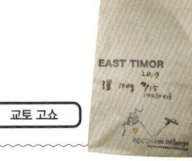

교토 고쇼의 동쪽 출입구 중 하나인 이시야쿠시고몬石□師御門으로 나와 쭉 걷다보면 카와라마치도리와 만난다. 카페는 큰길가에 있는 허름한 건물 2층. 입구에는 엄청난 양의 원두 포대가 천장까지 쌓여있고 어쩐 일인지 카페 안쪽에는 자전거도 함께 있다. 메뉴판에는 세계 지도 위에 원두의 산지가 스티커로 표시되어 있다. 오래된 양은 주전자로 팔팔 끓여낸 물로 내려주는 커피는 투박하지만 깊은 맛이다.

京都市上京区河原町通今出川下ル梶井町448清和テナントハウス2F G号室
35.0274, 135.7696 075-211-5398 11:00~21:00 화 휴무(공휴일인 경우 영업)
핸드드립 커피 ¥520, 원두 100g ¥650~ ooyacoffeeassociees.com Map → 2-C-2

CAFE, OLD & NEW

카페,
과거와 현재의 만남

스타벅스 니넨자카점

최근 교토엔 오래된 공간을 활용한 카페가 많이 생겨났다. 과거엔 학교, 공장, 가정집 등 그 용도가 모두 제각각이었지만 이젠 고소한 커피 향이 가득한 카페로 새로 태어난 공간들. 그 안에서 과거와 현재가 묘하게 공존하고 있다.

트래블링 커피

1 STARBUCKS COFFEE
스타벅스 니넨자카점 〔키요미즈데라〕

니넨자카에 있는 백 년 된 전통가옥을 개조해 2017년 6월 문을 열었다. 전통가옥 보존지구인 주변의 경관을 해치지 않기 위해 초록색 간판을 포기하고 스타벅스의 상징 세이렌이 그려진 푸른 포렴을 걸어놓은 게 인상적이다. 1층은 계산대와 바, 좌석은 2층. 일부 좌석은 일본 전통 다실처럼 꾸며놓아 신발을 벗고 다다미 위에서 커피를 마실 수 있다. 창에서 보이는 니넨자카와 주변의 풍경도 운치 있다.

📍 京都市東山区高台寺南門通下河原東入桝屋町349
📌 34.99826, 135.78209 ☎ 075-532-0601
🕐 08:00-20:00 🏠 www.starbucks.co.jp
Map → ①-E-3

2 茂庵
모안 〔긴카쿠지〕

숨은 턱까지 차오르지, 정비가 제대로 되지 않아 웃자란 풀들이 앞을 가로막지, '이렇게까지 해서 올라가야 될 이유가 있을까'라는 생각이 들 즈음 정상에 다다랐다. 모안은 해발고도 105m인 요시다야마吉田山의 정상에 있는 카페. 다이몬지야마와 함께 교토 시내가 한눈에 들어와 창가에 앉으면 올라오길 잘했다는 생각이 절로 든다. 특히 해가 일찍 지는 겨울날 모안에서 바라보는 노을은 일품이다.

📍 京都市左京区吉田神楽岡町8吉田山山頂
📌 35.02633, 135.78709 ☎ 075-761-2100
🕐 11:30-18:00 월 휴무(공휴일인 경우 영업, 다음날 휴무)
☕ 커피 ¥550, 오늘의 케이크 세트 ¥940
Map → ①-A-2

3 フランソア喫茶室
프란소와 킷사시츠 〔시조카와라마치〕

개업 때인 1934년의 분위기를 고스란히 간직하고 있는 프란소와 킷사시츠. 전쟁으로 흉흉하던 때는 진보석인 토론이 오가던 살롱이었고 그 이후에도 커피와 클래식 음악을 좋아하는 사람들의 사랑을 받으며 지금에 이르렀다. 교토 대학에서 공부를 하던 이탈리아인 유학생이 설계에 참여한 건물은 등록유형문화재로 지정되어 있다. 대표 메뉴는 블루베리 소스가 올라간 레어치즈케이크.

📍 京都市下京区西木屋町通四条下ル船頭町184
📌 35.00335, 135.77019 ☎ 075-351-4042
🕐 10:00-22:30(마지막 주문 22:00 음료는 22:45)
12/31~1/2 휴무 ☕ 커피 ¥600, 레어치즈케이크 ¥550
🏠 francois1934.com/index.html
Map → ③-F-3

4 TRAVELING COFFEE
트래블링 커피 〔시조카와라마치〕

폐교한 소학교(우리나라의 초등학교)의 교무실에 자리해있던 트래블링 커피는 다른 곳에서는 느낄 수 없는 독특한 분위기로 교토의 명물 카페로 사랑받아 왔다. 하지만 학교 건물이 헐리고 호텔 건설이 결정됨에 따라 일시 폐점했고, 2018년 4월 소학교 바로 옆 건물로 이전해 다시 문을 열었다. 이번엔 도서관을 콘셉트로 공간을 꾸몄고 타카세강과 한층 더 가까워져 봄이면 강가에 핀 벚꽃을 보며 커피를 즐길 수 있게 되었다.

📍 京都市中京区東入備前島町310-2
📌 35.00598, 135.7703
🕐 11:00-20:00 ☕ 핸드드립 커피 ¥300
Map → ③-F-3

5 市川屋珈琲
이치카와야코히 〔키요미즈데라〕

2백 년 된 목조 가옥은 원래 도예공방이었다. 차분한 분위기의 실내는 어쩐지 어른들만의 공간이라는 생각이 들게 만든다. 실제로 바에선 백발이 성성한 단골들과 주인이 조용조용 대화를 나눈다. 대표 원두 이치카와야 블렌드는 무겁지 않아 매일 마셔도 질리지 않는다. 제철 후르츠 산도 역시 인기가 많다. 바쁜 일상 속에서도 계절의 변화를 느꼈으면 하는 바람으로 매월 과일을 바꿔낸다.

📍 京都市東山区鐘鋳町396-2 📌 34.99315, 135.77419
☎ 075-748-1354 🕐 09:00-18:00 화, 둘째 주와 넷째 주 수 휴무 ☕ 이치카와야 블렌드 ¥470, 후르츠 산도 ¥980
Map → ①-F-3

6 古書と茶房 ことばのはおと
코쇼토사보 코토바노하오토 〔다이토쿠지〕

신발을 벗고 실내로 들어가면 주인의 취향이 가득 담긴 원더랜드가 나온다. 서가에 놓인 소품들 중에 가장 종류가 많은 건 고양이 피규어나 인형. 대표 메뉴는 하루에 20개 한정으로 판매하는 고양이 파르페. 기본적으로 오후 1시 이후에 판매 개시지만 오픈 시간부터 오후 1시까지 식사 메뉴를 주문한 사람은 고양이 파르페를 시킬 수 있기 때문에 매일 일찌감치 완판 되는 인기 메뉴.

📍 京都市上京区天神北町12-1 📌 35.03713, 135.75071
☎ 075-414-2050 🕐 11:30-19:00(마지막 주문 18:00) 월 화 휴무 ☕ 냥코 파르페 ¥972 🏠 kotobanohaoto.net
Map → ②-B-1

7 タイム堂
타이무도 〔교토 고쇼〕

백 년 된 건물엔 원래 '타이무도'라는 이름의 시계 가게가 있었다. 실내는 깔끔하게 고쳤지만 기본적인 구조는 바꾸지 않았고, 옛 우물과 대들보 등도 그대로 남아 있다. 1층 카페에서는 신선한 식재료를 사용해 메뉴를 만드는데 다양한 오픈 샌드위치가 인기. 2층은 바이 컬러스bycolors라는 이름의 잡화점으로 교토의 장소와 순간을 색으로 표현한 상품과 일본 전국을 돌며 골라온 상품을 함께 판매한다.

京都市上京区烏丸通丸太町上ル春日町426-2
35.0184, 135.75919 075-256-8889
08:00-18:00 화 휴무
timedou.com 드립커피 ¥540, 오픈 샌드위치 ¥864
Map → ②-B-2

8 JAM JAR LOUNGE & INN
잼 쟈 라운지 앤 인 〔키타노텐만구〕

교토에서는 드물게 호주식 샌드위치 재플을 맛볼 수 있는 카페. 그도 그럴 것이 카페와 숙소를 같이 운영하는 잼 쟈 라운지 앤 인의 카페를 지키는 사람은 바로 호주 사람이기 때문이다. 110년의 역사를 가진 고풍스러운 목조 가옥에서 호주 사람이 만들어주는 커피와 샌드위치, 그리고 까다롭게 고른 호주 와인까지 맛볼 수 있다니. 동서양의 완벽한 조화가 바로 이 공간에 있다.

京都市上京区今小路通七本松西入二丁目東今小路町758-2
35.02851, 135.73823 075-204-8508
10:00-17:00 월 휴무(공휴일인 경우 영업, 다음날 휴무)
카푸치노 ¥450, 재플 ¥600 jamjarjapan.com
Map → ②-A-1

9 BLUE BOTTLE COFFEE
블루보틀 커피 교토 `난젠지`

'커피계의 애플'이라 불리는 블루보틀 커피의 간사이 지역 첫 지점. 헤이안 신궁 쪽에서 난젠지로 가는 길목의 입구에 자리한다. 메뉴는 다른 지역에 있는 블루보틀 커피와 다를 바 없지만 지어진 지 백 년이 넘은 교토 전통 가옥의 모습을 거의 그대로 활용한 매장은 인상적이다. 높은 천장과 통유리 덕분에 실내에 있어도 바깥과 이어진 것 같은 느낌을 받을 수 있다. 이른 아침 시간대가 아니면 날이 맑으나 궂으나 항상 손님으로 북적인다.

京都市左京区南禅寺草川町64　35.01141, 135.78947
075-746-4453　08:00-18:00　핸드드립 커피 ¥450~
bluebottlecoffee.jp　Map → ①-C-2

10 きんせ旅館
킨세 료칸 `니시혼간지`

교토를 대표하는 환락가였던 시마바라島原 지역에 자리한 카페 겸 숙소로 이 지역에서 가장 화려한 건물이다. 한때 연회장 등으로 사용했던 건물을 현재 주인의 증조부가 사들여 여관으로 개조했고 지금은 1층은 카페 겸 바, 2층은 하루에 한 팀만 받는 숙소가 되었다. 1층 카페는 시마바라가 가장 화려했던 시절의 영광을 고스란히 보여주고 있다. 화려한 스테인드글라스, 우아한 가구와 소품에 둘러싸여 마시는 커피와 칵테일은 더욱 특별하다

京都市下京区西新屋敷太夫町80
34.99248, 135.74392　075-351-4781
15:00-22:00 화 휴무
핸드드립 커피 ¥500　www.kinseinn.com
Map → ②-A-4

BREAKFAST WITH COFFEE

교토에선 부지런해질 수밖에 없어요!

교토에선 조식이 나오지 않는 싸구려 숙소에 묵어도 전혀 서럽지 않다. 일찌감치 카페 문화가 발달한 덕분일까. 아침 메뉴를 따로 내놓는 카페가 다른 도시와 비교도 할 수 없이 많기 때문이다. 교토에 머무는 동안에는 조금 바지런을 떨며 매일 다른 카페에서 아침식사를 해보자. 카페의 아침식사는 이미 교토의 문화나 다름없으니까.

BREAKFAST WITH COFFEE

시모가모 신사
COFFEE HOUSE MAKI
커피 하우스 마키

오래된 단골손님부터 시모가모 신사에 가기 전에 허기를 달래기 위한 여행자까지 누구에게나 다정한 동네 다방 커피 하우스 마키. 빠네 파스타처럼 두툼한 식빵의 속을 파내 감자 샐러드와 삶은 달걀, 햄 등을 채워 넣고 파낸 속살에는 버터를 듬뿍 발라 구워낸 모닝 세트가 대표 메뉴. 오로지 이 모닝 세트를 먹기 위해 다른 도시에서 일부러 방문하는 사람이 있을 정도다.

- 京都市上京区河原町今出川上ル青龍町21
- 35.03092, 135.76982
- 075-222-2460
- 08:30-19:00(모닝세트는 -12:00, 마지막 주문 18:30)
- 모닝세트 ¥650 coffeehouse-maki.com
- Map → ②-C-1

카라스마산조
イノダコーヒ本店
이노다 코히 본점

1940년 문을 연 후 80년 가까이 까다로운 교토 사람들의 사랑을 받아온 이노다 코히. 코노초쇼쿠쿄의 朝食(교토의 조식)은 본점과 키요미즈점에서만 맛볼 수 있다. 특히 본점은 문을 여는 오전 7시부터 사람이 끊이지 않고 들어온다. 교토의 조식은 샐러드와 과일, 빵과 스크램블 에그, 오렌지 주스와 이노다 코히의 대표 커피인 아라비아의 진주로 구성되어 있다.

- 京都市中京区堺町通三条下ル道祐町140
- 35.00818, 135.76305
- 075-221-0507
- 07:00-19:00(교토의 조식은 -11:00)
- 코노초쇼쿠 ¥1,380
- inoda-coffee.co.jp
- Map → ③-D-2

산조대교
進々堂 三条河原町店
신신도 산조카와라마치점

커피에 이노다 코히가 있다면 빵에는 신신도가 있다. 1913년 개업한 신신도는 '교토에는 신신도가 있다'고 교토 사람들이 자랑스러워할만한 빵집이 되자는 생각으로 백 년을 이어왔다. 산조카와라마치점은 신신도 지점 중 가장 최근에 오픈했다. 아침식사 세트 메뉴의 종류는 15가지나 되는데 그 중에서 프리미엄 브렉퍼스트와 스페셜 브렉퍼스트는 신신도의 빵이 무제한으로 제공된다.

- 京都市中京区三条通河原町東入ル中島町74ロイヤルパークホテルザ京都1F
- 35.00895, 135.76942 075-241-1179
- 07:00-22:00(아침메뉴는 -11:00)
- 스페셜 브렉퍼스트 ¥1,000
- shinshindo.jp/branches/sanjo.html
- Map → ③-F-2

카라스마 역
OKAFFE KYOTO
오카페 교토

교토 노포 카페인 오가와 커피에서 경력을 쌓고 '일본 바리스타 챔피언십'에서 우승한 오카다 아키히로가 오픈한 카페. 아침 메뉴로 두툼한 일본식 토스트, 옛날 스타일 핫케이크, 타마고산도 세트가 있는데 그 중 두께가 5cm는 족히 되는 달걀부침이 들어간 타마고산도 세트가 가장 인기다. 함께 나오는 그린 스무디는 따로 판매 요청이 들어올 정도. 세트에 포함된 대표 커피 '댄디 블렌드'는 그리 진하지 않고 깔끔해 아침에 특히 잘 어울린다.

- 京都市下京区綾小路通東洞院東入神明町235-2
- 35.0023, 135.76216
- 075-708-8162
- 09:00-20:00(마지막 주문 19:30) 화 휴무
- 모닝 타마고산도 세트 ¥1,080
- okaffe.kyoto
- Map → ③-D-4

LUNCH AT A CAFE

카페의 점심시간

식사를 마치고 후다닥 일어나기 싫을 때, 앉은 자리에서 커피와 디저트까지 해결하고 싶을 때는 카페로 가자. 웬만한 밥집보다 든든한 점심식사가 있는 교토의 카페로.

마루 카페

무모쿠테키 카페

LUNCH AT A CAFE

1 マールカフェ
마루 카페   [키요미즈고조 역]

교토에서는 드문 8층 빌딩의 꼭대기에 있는 카페. 어느 자리에 앉아도 교토 시내가 훤히 내려다보이고 특히 테라스로 나가면 키요미즈데라의 본당이 한눈에 들어올 정도로 전망이 좋다. 점심메뉴로는 함바그 플레이트와 매일 바뀌는 카레, 파스타 등이 있다. 자정까지 영업하기 때문에 술 한 잔 하며 야경을 보기에도 딱 좋은 공간.

🏠 京都市下京区西橋詰町762 京栄中央ビル8F
📍 34.99705, 135.76718
☎ 075-365-5161
🕐 11:30-24:00(마지막 주문 23:30)
🍽 함바그 플레이트 ¥1,300 🏠 marcafe.jp
Map ⋯ ②-C-4

2 かもがわカフェ
카모가와 카페   [교토 고쇼]

이름만 들으면 카모강을 전망할 수 있는 카페라고 생각하기 쉽지만 강이 보이는 거리에서 한 골목 더 안으로 들어가야 한다. 카페는 건물의 2층과 3층. 특히 3층 자리는 다락방같이 아늑하다. 화장실에 붙어있는 전단지의 날짜에서 이 카페가 오랜 시간동안 사람들의 사랑을 받아왔다는 사실을 알 수 있다. 매일 바뀌는 오늘의 점심에는 샐러드부터 차 한 잔까지 포함되어 있다.

🏠 京都市上京区西三本木通荒神口下る上生洲町229-1
📍 35.02016, 135.76977
☎ 075-211-757
🕐 12:00-23:00(마지막 주문 22:30) 목 휴무
🍽 오늘의 점심 ¥780, 카모가와 하우스 블렌드 ¥500
🏠 cafekamogawa.com
Map ⋯ ②-C-2

카페 마블 붓코지점

3 MUMOKUTEKI CAFE&FOODS
무모쿠테키 카페   [테라마치 상점가]

자연친화적인 소비를 지향하는 잡화점 무모쿠테키에서 운영하는 카페. 내가 먹는 음식이 내 몸을 만든다는 생각으로 직접 농장을 운영하며 식재료를 조달한다. 케이크나 파르페에는 설탕을 넣지 않고 잼은 매장에서 직접 만든다. 점심시간에 제공되는 식사 메뉴만 해도 17종류나 되니 그야말로 행복한 고민을 하지 않을 수 없다. 언제나 사람으로 북적이지만 패밀리 룸이 있어서 아이와 함께라도 편하게 식사할 수 있다.

🏠 京都市中京区式部町261ヒューマンフォーラムビル2F
📍 35.00655, 135.76647 ☎ 075-213-7733
🕐 11:30-21:00(마지막 주문 20:00)
🍽 두부 함바그 플레이트 평일 ¥1,080
🏠 mumokuteki.com/cafe
Map ⋯ ③-E-3

4 CAFE MARBLE 仏光寺店
카페 마블 붓코지점   [시조 역]

카와라마치도리와 카라스마도리의 중간쯤에 위치한 카페. 큰길에서 조금 벗어났을 뿐인데 조용하고 느긋하게 시간을 보낼 수 있다. 꽤 늦은 시간까지 영업하는 것도 장점. 영업시간 내내 식사 메뉴를 주문할 수 있고 점심에는 음료와 세트로 주문이 가능하다. 대표 메뉴는 매일 바뀌는 키슈 플레이트. 백 년 된 목조 가옥의 내부를 거의 바꾸지 않은 실내는 차분한 느낌이다.

🏠 京都市下京区仏光寺通高倉東入ル西前町378
📍 35.00141, 135.76275
☎ 075-634-6033 🕐 11:30-22:00(일 20:00, 마지막 주문은 마감 30분 전) 마지막 주 수 휴무
🍽 키슈 플레이트 세트 ¥1,100, 커피 ¥430
🏠 cafe-marble.com
Map ⋯ ③-D-4

RIVERSIDE CAFE

교토의 물길을 즐기는 특별한 방법

교토를 좋아하는 이유는 참 많지만 시내 곳곳을 흐르는 물길도 한 몫 한다. 현지인도 여행자도 사랑하는 카모강, 골목을 따라 졸졸 흐르는 실개천까지. 물이 있어 한층 깊어지는 교토의 정취를 제대로 만끽할 수 있는 카페를 소개한다.

VEG OUT
베그 아웃

이른 아침 카모강에서 요가를 하고 있던 사람들이 추천해준 카페. 시치조 대교의 서쪽에 있는 비건 카페다. 아침식사부터 저녁식사까지 맛있고 든든한 채식 메뉴를 먹을 수 있다. 명상이나 채식주의에 관한 책, 유기농 식재료 등도 판매한다.

⌂ 京都市下京区七条通加茂川筋西入ル稲荷町448 鴨川ビル1F
◉ 34.98939, 135.76674
☎ 075-748-1124
⏰ 08:00-21:00(마지막 주문 20:00) 월 휴무 ◉ 오늘의 런치 ¥1,620, 오카라 머핀 ¥540, 오가닉 커피 ¥540 ⌂ vegout.jp
Map → ②-C-4

EFISH
에횟시

교토에 와서 처음이 된 카페인 추억의 공간. 1999년에 문을 열었다. 카모강 바로 앞에 위치한 데다 세련된 인테리어로 당시 꽤 화제가 되었다. 20여 년이 지난 지금은 강변에 카페가 많이 생겼지만 카모강을 전망할 수 있는 카페하면 역시나 에횟시를 손에 꼽는 사람이 많다.

⌂ 京都市下京区木屋町通り五条下ル西橋詰町798-1
◉ 34.99524, 135.76737
☎ 075-361-3069 ⏰ 10:00-22:00
◉ 커피 ¥480, 샌드위치 ¥820~
⌂ shinproducts.com
Map → ②-C-4

MURMUR COFFEE KYOTO
마마 커피 교토

2016년 11월에 타카세 강변에 오픈한 카페. 베그 아웃과 에횟시의 중간쯤에 있다. 밝고 상냥한 주인 덕분인지 가게 분위기가 더 밝게 느껴진다. 강을 바라보는 동쪽 벽 전체가 유리로 되어있어 오전에는 조명이 없어도 실내가 환하다. 작은 로스터기도 갖추고 있다.

⌂ 京都市下京区正面通高瀬角
◉ 34.99147, 135.7654
☎ 075-708-6264
⏰ 09:00-17:00 일 휴무
◉ 핸드드립 커피 ¥390
⌂ murmur-coffee.com
Map → ②-C-4

喫茶上る
킷사아가루

저녁식사를 하고 키야마치도리를 산책하면 항상 눈에 들어오던 카페. 입구는 타카세강의 왼쪽으로 난 좁은 골목에 있다. 다다미가 깔린 1층에 앉으면 졸졸 흘러가는 물에 손을 담글 수 있을 정도로 강이 가깝다. 벚꽃이 피는 계절에는 1층보다는 2층에서 내려다보는 풍경이 훨씬 운치 있다.

⌂ 京都市下京区西木屋町通仏光寺上る市之町260 ◉ 35.00126, 135.76931
⏰ 16:00(주말 공휴일 13:00)-23:00 목 첫 번째 수 휴무
◉ 커피 ¥500, 미니도라 ¥150
⌂ kyoto.agaru.coffee
Map → ②-C-3

TAMAGO SANDO & CAFE

오후 3시의 간식, 타마고 산도

교토에 오기 전까지만 해도 타마고 산도たまごサンド(계란 샌드위치)라는 음식은 한 번도 먹어본 적이 없다. 그런데 참 이상했다. 처음 맛봤을 때부터 지금까지 타마고 산도는 어딘가에서 먹어본 듯 그리운 맛이었다. 10년 넘게 수십 번 교토를 드나들고부터는 이제 교토를 떠올리면 타마고 산도의 폭신폭신한 따뜻함이 가장 먼저 생각난다.

여행 중에 이 정도 사치는 용서해주자

교토에서 처음 맛본 타마고 산고. 도쿄 여행을 갔을 때도 그 맛이 그리워 오랜 역사를 자랑하는 한 다방(이라고 해야 할 것만 같은 공간이었다)에서 타마고 산도를 주문했다. 그런데 어라? 내가 아는 타마고 산도가 아니잖아? 그렇다. 우리나라도 지방에 따라 음식 맛이 다르듯이 우동의 국물 맛부터 다른 간토関東와 간사이関西는 타마고 산도도 달랐다. 교토를 비롯한 간사이의 타마고 산도는 두툼한 달걀부침이 폭신한 빵 사이에 끼워져 있다면 도쿄의 타마고 산도에는 빵 사이에 달걀 샐러드가 들어간다. 달걀을 잘 삶아 으깬 다음 마요네즈만 넣고 터프하게 버무린 달걀 샐러드는 어린 시절 소풍이나 운동회 때의 단골 메뉴 중 하나였다. 심지어 두 지역은 선호하는 식빵의 두께도 다르다. 간사이는 두툼하고 부드러운 스타일, 간토는 얇고 바삭한 스타일을 좋아한다. 최근엔 간사이 스타일의 타마고 산도가 일본 전국에서 유행이라 어디를 가든 폭신한 타마고 산도를 먹을 수 있게 됐지만 역시나 어떤 음식이든 본고장의 맛을 따라갈 수는 없는 것 같다.

喫茶 LA MADRAGUE
킷사 마도라구 [니조성]

한 손으로 들기 버거운 두툼한 타마고 산도는 아쉬움 속에 폐점한 양식집 '코로나'의 비법을 전수받아 만들었다. 이 타마고 산도를 맛보기 위해 평일, 주말 가릴 것 없이 많은 사람이 마도라구를 찾는다. 오픈 시간 이전에 방문해서 기다리고 있다 하더라도 전화로 예약한 손님을 우선시하기 때문에 바로 들어갈 수 없는 경우가 대부분. 오픈 시간 이후부터는 1시간 이상 대기는 기본.

⌂ 京都市中京区押小路通西洞院東入ル北側
◉ 35.01229, 135.75562 ☎ 075-744-0067
◷ 11:30~22:00(마지막 주문 21:00) 일 휴무
◆ 타마고 산도 ¥680, 마도라구 블렌드 ¥530
⌂ madrague.info
Map → ②-B-3

やまもと喫茶
야마모토 킷사 [기온]

가게마다 자신만의 비법을 내세우는 타마고 산도를 내는 교토에서 개인적으로 가장 좋아하는 타마고 산도가 바로 야마모토 킷사의 타마고 산도. 두툼한 다른 가게에 비하면 좀 얄팍한 타마고 산도는 한 입 베어 물면 보드라운 달걀의 식감보다 아삭한 오이의 식감이 먼저 느껴지고 고소하고 짭짤한 맛 뒤에 약간 얼얼한 매운 맛이 남는다. 빵에 얇게 펴 바른 겨자 소스가 바로 그 비결이다.

⌂ 京都市東山区白川北通東大路西入ル石橋町307-2
◉ 35.00666, 135.77539 ☎ 075-531-0109
◷ 07:00~17:00(마지막 주문 16:30) 화 휴무
◆ 모닝 세트(음료, 샐러드 포함) ¥780, 타마고 산도 단품 ¥600, 블렌드 커피 ¥400
Map → ①-D-3

KNOT CAFÉ
놋토 카페 [키타노텐만구]

시장에서 파는 맛 그대로인 짭조름한 다시마키가 교토의 유명 빵집 르프티맥의 빵과 만나 특별해졌다. 한 입에 쏙 들어갈 것 같은 다시마키 산도가 324엔이면 조금 비싼 거 아닌가 싶다가도 나무 접시 위에 안바타 산도와 나란히 놓여있는 모습이 귀여워 피식 웃음이 나오고 만다. 커피는 뉴욕의 'CAFÉ GRUMPY'의 원두를 사용해서 내린다. 주말, 매달 25일엔 긴 대기시간을 감수해야 한다.

⌂ 京都市上京区今小路通七本松西入東今小路町758-1
◉ 35.02868, 135.73824 ☎ 075-496-5123
◷ 10:00~18:00 화 휴무(25일인 경우 영업)
◆ 다시마키 산도 ¥324, 안바타 산도 ¥324
⌂ knotcafe-kyoto.com
Map → ②-A-1

DESSERT

동서양을 넘나드는 디저트의 천국 교토

사료 호센

젠 카페

카모미타라시 차야

젠 카페

기온키나나 본점

우메조노사보

편의점 디저트도 맛있는 일본인데 제대로 만든 디저트의 맛이야 더 이상 말해서 무엇 할까.
교토의 디저트에는 전통과 현대가 공존하는 도시인 교토의 모습이 고스란히 담겨 있다.

DESSERT

1. 茶寮 宝泉
사료 호센 `시모가모 신사`

시모가모 신사에서 북쪽으로 15분 정도 걸어 올라가면 파란 포렴이 인상적인 넓은 주택이 한 채 나온다. 콩을 이용한 와가시를 주로 만드는 호센도宝泉堂에서 운영하는 사료 호센. 다다미가 깔린 꽤 넓은 실내 어느 테이블에 앉아도 정원을 바라볼 수 있는 구조. 계절마다 다른 나마가시가 음료와 함께 나온다. 여름에노 시원한 다다미빙에 앉아 따뜻한 차를 마시고 있으면 시간이 기척도 없이 흘러간다.

- 京都市左京区下鴨西高木町25 ⊙ 35.0432, 135.77425
- ☎ 075-712-1270 ⏰ 10:00-17:00(마지막 주문 16:45)
- 수목 휴무(공휴일인 경우 영업, 다음날 휴무)
- 키세츠노나마가시 맛차 세트 ¥950 🏠 housendo.com
- Map → ⑤-E-2

2. 加茂みたらし茶屋
카모미타라시 차야 `시모가모 신사`

시모가모 신사 근처에 있는 백 년 역사를 가진 미타라시 당고 전문점이다. 미타라시 당고는 동그란 떡 서너 개를 꼬치에 끼워 불에 살짝 구운 후 간장, 흑설탕 등을 섞어 만든 걸쭉한 소스를 발라먹는 와가시의 일종. 먹고 가는 사람도 많고 포장해 가는 사람도 많아 언제 가도 항상 활기차다. 포장의 경우 5개에 600엔.

- 京都市左京区下鴨松ノ木町53
- ⊙ 35.03967, 135.77074 ☎ 075-791-1652
- ⏰ 09:30-19:00 수 휴무
- 미타라시 당고(3개) ¥420
- Map → ②-C-1

3. 祇園きなな本店
기온키나나 본점 `기온`

콩가루로 만든 지극히 교토다운 아이스크림을 맛볼 수 있는 공간. 백화점에서도 구매할 수 있지만 본점까지 왔다면 갓 만들어진 데키타테키나나를 꼭 먹어봐야 한다. 아이스크림인 듯 생크림인 듯 부드러운 식감은 지금까지 먹어보지 못했던 맛. 흑임자 아이스크림, 쑥 아이스크림, 콩가루 아이스크림을 한꺼번에 맛볼 수 있는 키나나하폰도 인기 메뉴다.

- 京都市東山区祇園町南側570-119
- ⊙ 35.00232, 135.77428 ☎ 075-525-8300
- ⏰ 11:00-19:00(마지막 주문 18:30)
- 데키타테키나나 ¥600, 키나나하폰 ¥1,100
- 🏠 kyo-kinana.com
- Map → ①-D-3

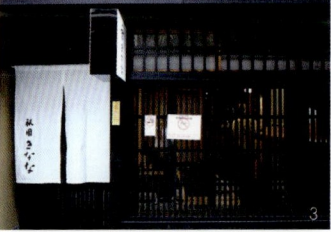

4. ZEN CAFE
젠 카페 `기온`

280년 이상의 역사를 가진 와가시 전문점 카키젠요시후사鍵善良房에서 만든 카페. 기온 한복판에 있지만 주변의 오래된 건물들과 다른 현대적인 건물의 안으로 들어가면 커다란 유리 너머로 작은 정원이 보이는 카페가 나온다. 별다른 인테리어 없이 한쪽 벽에 무심히 놓인 꽃병은 젠 그 자체. 눈으로 한번, 입으로 한번 맛보는 와가시는 차에도 커피에도 잘 어울린다.

- 京都市東山区祇園町南側570-210
- ⊙ 35.00304, 135.77354 ☎ 075-533-8686
- ⏰ 11:00-18:00 월 휴무(공휴일인 경우 영업, 다음날 휴무)
- 조나마가시 세트 ¥1,200 🏠 kagizen.co.jp
- Map → ①-D-3

5. うめぞの茶房
우메조노사보 `다이토쿠지`

'양갱이 이렇게 예쁘고 맛있었어?'라는 생각을 하게 해준 곳. 90년의 역사를 자랑하며 교토에 네 군데 지점을 갖고 있는 우메조노가 운영하는 새로운 스타일의 디저트 카페. 양갱은 기본 중에 기본인 팥 양갱부터 레몬, 녹차, 카카오 등 계절에 따라 8~10종류를 맛볼 수 있다. 주문은 1층에서 하고 테이블은 2층에. 시내 중심에서 조금 북쪽에 있어 언제 가도 조용하게 시간을 보내다 올 수 있다.

- 京都市北区紫東藤ノ森町11-1
- ⊙ 35.03766, 135.74695 ☎ 075-432-5088
- ⏰ 11:00-18:30(마지막 주문 18:00)
- 양갱 ¥320~, 호지차 ¥550
- 🏠 umezono-kyoto.com/nishijin
- Map → ②-B-1

6. 出町ふたば
데마치후타바 `시모가모 신사`

1899년 문을 연 노포. 콩이 박힌 찹쌀떡인 메다이 마메모치가 유명하다. 그게 뭐라고 이렇게 줄을 서서 사먹나 싶다가도 막상 한입 베어물고 나면 떡과 팥 앙금과 강낭콩의 조화가 꽤 만족스럽다. 유통기한이 하루라는 점이 안타깝다. 마메모치 말고도 절기마다 계절마다 그 때의 계절감을 느낄 수 있는 와가시나 떡을 만들어 판매한다.

- 京都市上京区出町通今出川上ル青龍町236
- ⊙ 35.03009, 135.76956 ☎ 075-231-1658
- ⏰ 08:30-17:30 화, 넷째 주 수요일
  (공휴일인 경우 영업, 다음날 휴무)
- 메다이 마메모치 ¥180
- Map → ②-C-1

무라카미카이신도 · 로쿠세이 수플레카페 코나 사테이 · 사카타야키가시텐

7 村上開新堂
무라카미카이신도　　　　　　　교토 시청

1907년 문을 연 교토에서 가장 오래된 양과자점인 무라카미카이신도에서 운영하는 카페. 지금까지 오랜 시간 동안 수많은 손님이 원했던 카페가 창업 110년 만에 기존의 매장 안쪽에 오픈했다. 무라카미카이신도의 대표 상품은 쿠키보다는 말랑말랑하고 빵보다는 딱딱한 식감의 러시아 케이크지만 카페에서는 그 외에도 다양한 카페 한정 디저트를 선보인다.

⌂ 京都市中京区寺町通二条上ル東側
⊕ 35.01382, 135.76747
⊙ 10:00~18:00(마지막 주문 17:30)
￦ 오렌지 젤리(여름 한정) ￥562
🏠 murakami-kaishindo.jp
Map → ②-C-2

8 一保堂 京都本店 喫茶室嘉木
잇포도 교토본점 킷사시츠카보쿠　　　교토 시청

1717년에 문을 연 일본차 전문점으로 교토 토박이는 대를 이어 잇포도의 단골인 경우도 많다. 차를 우리는 건 사람이지만 찻잎은 자연에서 자라기 때문에 그 해의 기후나 상황에 따라 상태가 달라질 수 있는데 가능하면 언제나 같은 맛을 내려고 노력한다. 교토본점의 안쪽에는 잇포도의 차를 그 자리에서 즐길 수 있는 공간이 마련되어 있다. 다른 메뉴는 일절 취급하지 않고 오로지 차 하나에만 집중했다. 모든 차 메뉴에는 가장 잘 어울리는 와가시가 함께 나온다.

⌂ 京都市中京区寺町通二条上ル
⊕ 35.01444, 135.76741　☎ 075-211-3421
⊙ 소매점 09:00~18:00 카페 10:00~18:00(마지막 주문 17:30) 연말연시 휴무
￦ 각종 차 종류 ￥648~
🏠 ippodo-tea.co.jp
Map → ②-C-2

9 六盛スフレカフェコーナー茶庭
로쿠세이 수플레카페 코나 사테이　　　헤이안 신궁

고급 일식집 로쿠세이에서 운영하는 디저트 카페. 메뉴는 오로지 수플레 하나뿐이다. 기본은 바닐라 수플레. 음료와 세트로 시키면 조금 저렴한데 커피 맛이 그다지 좋은 편이 아니다. 주문을 받으면 그때서야 수플레를 구워주기 때문에 20분 정도 걸린다. 그릇 위로 볼록 튀어나온 따끈한 수플레에 동그랗게 구멍을 만들어 바닐라 크림을 붓고 잘 섞어준 후에 먹으면 된다. 혀에 닿는 순간 스르르 녹아내리는 수플레는 기다림의 시간을 잊게 해준다.

⌂ 京都市左京区岡崎西天王町71六盛内1F
⊕ 35.01583, 135.77953
☎ 075-751-6171
⊙ 14:00~18:00(마지막 주문 17:00)
월, 12/24~1/1 휴무
￦ 바닐라 수플레 ￥810
　 음료 세트 ￥1,296
Map → ①-C-3

10 坂田焼菓子店
사카타야키가시텐　　　　　　키타노텐만구

미국의 시골 가정집에서 엄마가 구워줄 것 같은 소박하지만 건강한 쿠키와 스콘을 파는 집. 가장 인기 있는 쿠키는 곰이 서 있는 모양을 한 베어. 밀가루의 거친 입자가 느껴지며 씹을수록 고소하다. 그 외에도 레몬, 카카오 등 좋은 재료를 사용해 정직하게 만든 쿠키는 계속해서 집어먹어도 질리지 않는 맛이다.

⌂ 京都市上京区今出川通り六軒町西入西上善寺町181-1-1-B
⊕ 35.0297, 135.73992
☎ 075-461-3997
⊙ 09:00~17:00 화 첫째 주 월 휴무
￦ 쿠키 ￥140~, 당근케이크 ￥453
🏠 sakatayakikashiten.com
Map → ②-A-1

CHOCOLATE

초콜릿, 여행의 피로회복제

너무 열심히 돌아다니다 기운이 빠질 때 빠른 회복에는 역시 초콜릿의 단맛이 최고.
최근 초콜릿 전문점이 엄청난 속도로 늘어나고 있는 교토에서 특별히 사랑하는 두 곳의 초콜릿 전문점.

加加阿365 祇園店
카카오365 기온점 — 기온

'카카오가 있는 생활'을 제안하며 교토를 대표하는 앙과자점 마르브랑슈マールブランシュ에서 2014년에 문을 연 초콜릿 전문점. 하나미코지의 소란함에서 한 발자국 벗어난 뒷골목에 있다. 가장 인기 있는 상품은 교토의 매일을 365개의 문장과 그림으로 표현해낸 초콜릿인 카카오365. 벽 한쪽에 365개의 문장을 전부 빼곡하게 적어놨는데 그 모습에서 교토에서 태어난 가게의 자부심이 느껴진다. 프랑스 비스킷 랑그드샤를 교토식으로 재해석한 차노카茶の菓도 인기상품. 우지차를 사용한 진한 녹차 비스킷과 화이트초콜릿의 조화가 절묘하다.

京都市東山区祇園町南側570-150
35.00278, 135.77567
075-551-6060
10:00-18:00
카카오365(초콜릿 2개 들이) ¥972
차노카(쿠키 5개 들이) ¥680
malebranche.co.jp
Map → ①-D-3

KYOTO 生 CHOCOLATE ORGANIC TEA HOUSE
교토 나마초콜릿 오가닉 티하우스 — 헤이안 신궁

초콜릿을 만드는 일본인 남편과 서빙을 하는 캐나다인 아내가 영업을 담당하는 갈색 줄무늬 고양이와 함께 소박하게 꾸려가는 초콜릿 카페. 야마모토멘조에서 주택가 쪽으로 3분 정도 걸어가면 나온다. 신발을 벗고 들어가면 앞뒤로 정원이 보이는 구조. 대표 메뉴는 나마초콜릿 세트. 스위트, 비터, 녹차, 월귤 네 가지 맛의 초콜릿과 커피 등 음료가 함께 나온다. 초콜릿은 포장도 가능하다.

京都市左京区岡崎天王町76-15
35.01602, 135.78628 075-751-2678
12:00-18:00 화 휴무
나마초콜릿 세트 ¥1,000
kyoto-namachocolat.com
Map → ①-C-2

EAT UP

MATCHA DESSERT

교토는 녹차 마니아의 천국!

일본 다른 도시에서는 볼 수 없다. 오로지 교토에서만 만날 수 있는 엄청난 녹차 디저트의 향연!
파르페부터 티라미수, 아이스크림 등 다양한 종류의 녹차 디저트가 우리를 기다리고 있다.
녹차 마니아라면 행복한 고민에 빠질 수밖에 없는 도시가 바로 교토!

1 祇園小森 기온코모리 〔기온〕

이름에서 알 수 있듯이 그야말로 기온 한복판에 있다. 외관과 내부 모두 옛 느낌이 물씬 난다. 기온코모리의 대표 메뉴는 고사리 전분으로 만든 떡인 와라비모치가 듬뿍 들어간 와라비모치 파르페. 얼핏 보기엔 우리나라의 인절미와 닮았으나 훨씬 더 물컹물컹한 식감 때문에 호불호가 갈리기도 하는 와라비모치지만 파르페에 들어가 녹차 아이스크림, 녹차 젤리 등과 어울려 절묘한 조화를 이루어낸다.

🏠 京都市東山区新橋通大和大路東入元吉町61
📍 35.00584, 135.77457
🕐 11:00~20:00(마지막 주문 19:30) 수 휴무 (공휴일인 경우 영업) 🍧 와라비모치 파르페 ¥1,580
🌐 giwon-komori.com
Map → ①-D-3

기온코모리

교토의 녹차는 언제부터 그렇게 유명했을까?

교토 시내 곳곳, 그리고 뵤도인을 보러 우지 시까지 가면 눈 돌릴 때마다 보이는 녹차 전문점. 어디든 일본 최고의 녹차인 우지차를 사용하는 곳들이다. 우지차는 그 명성만큼이나 오랜 역사를 가지고 있다. 13세기 가마쿠라 시대에 재배가 시작됐고 긴카쿠지를 중심으로 히가시야마 문화가 발달하며 다도가 일상의 한 부분으로 자리 잡았다. 우지의 차 제조법은 에도 시대에 일본 전국으로 널리 퍼졌고 지금은 일본 차 제조법의 주류가 되었다. 그런데 여기서 한 가지. 사실 우지 시의 녹차 밭 규모는 그렇게 넓지 않다고 한다. 그렇다면 이제는 전국구가 되어버린 그 수요를 어떻게 감당할까? 지금의 우지차는 교토부, 나라현, 시가현, 미에현에서 생산된 녹차를 교토로 가져와 우지의 차 제조법에 따라 만들고 있다. 물론 그 중에서도 교토에서 난 차를 제일로 치는 건 당연한 일이다.

바이코도

가격이 저렴한 편이라 근처 여고생들에게 절대적인 지지를 받고 있다

2 梅香堂 바이코도 〔산주산겐도〕

산주산겐도와 토후쿠지의 중간 지점에 있는 디저트 전문점. 다른 디저트 전문점에 비해 가격이 저렴한 편이라 근처 여고생들에게 절대적인 지지를 받고 있다. 대표 메뉴는 단팥과 생크림이 들어간 오구라 맛차 젤리 파르페. 여름에는 일본식 빙수인 카키고오리かき氷가 메뉴에 추가되고 10~4월까지 판매하는 핫케이크 역시 인기가 많다.

🏠 京都市東山区今熊野宝蔵町6
📍 34.98553, 135.77426
📞 075-561-3256
🕐 10:00~18:00(마지막 주문 17:30) 화 휴무
🍧 오구라 맛차 젤리 파르페 ¥782
Map → ⑥-F-3

1   2

MATCHA DESSERT

3 うめぞの CAFE & GALLERY
우메조노 카페 앤 갤러리 `카라스마 역`

우메조노의 지점 중 가장 모던한 느낌의 카페. 이곳에서만 판매하는 한정 메뉴가 몇 가지 있는데 그중 가장 인기 메뉴가 바로 맛차 핫케이크. 독특하게도 포크가 아닌 젓가락과 함께 나오는 맛차 핫케이크는 힘을 주지 않아도 스르르 잘려질 정도로 부드럽다. 함께 나오는 단팥과 버터, 메이플 시럽은 각각 다른 풍미를 더해 맛차 핫케이크의 맛을 한층 더 돋보이게 해준다.

京都市中京区不動町180
35.00607, 135.75595
075-241-0577
11:30–18:30 (마지막 주문 18:00)
맛차 핫케이크 ¥930
umezono-kyoto.com/cafe
Map → ②-B-3

힘을 주지 않아도 스르르 잘려질 정도로 부드럽다

니켄차야

우메조노 카페 앤 갤러리

4 茶房こいし
사보코이시 `야사카 신사`

1936년 문을 연 사탕 전문점에서 운영하는 카페. 교토의 사탕은 쿄아메京飴라고 하는데 사탕으로는 유일하게 특허청으로부터 지역단체상표를 획득했다. 작은 돌을 뜻하는 코이시는 사탕의 별칭. 녹차뿐 아니라 사탕에 사용하는 다른 식재료를 사용한 디저트도 많다. 맛차 쉬폰 파르페 등의 기본 메뉴 외에도 봄에는 딸기 파르페 등 사계절을 느낄 수 있는 계절 한정 메뉴에도 신경을 많이 쓴다.

京都市東山区祇園町北側286-2
35.00398, 135.77673 075-531-0331
10:30–19:00 (마지막 주문 18:00)
맛차 쉬폰 파르페 ¥1,080   g-koisi.com
Map → ①-D-3

5 錦一葉
니시키 이치하 `니시키 시장`

'타베아루키食べ歩き', 즉 군것질거리를 들고 돌아다니며 먹는 게 당연한 니시키 시장 한복판에 꽤 단정한 녹차 전문점이 있다. 대표 메뉴는 다른 가게에서는 볼 수 없는 녹차 맛 팝콘. 캐러멜화 된 팝콘은 달콤한 맛에 녹차 특유의 씁쓸한 맛이 더해져 칼로리 생각 안하고 계속 집어먹게 된다. 호지차 맛과 현미차 맛도 있다. 세 가지 맛이 함께 담긴 팝콘은 선물용으로도 많이 팔린다.

京都市中京区錦小路通御幸町西入鍛治屋町210
35.00491, 135.76584 050-5571-1304
10:00–18:00 (마지막 주문 17:30)
맛차 팝 소프트 ¥918   nishiki-ichiha.com
Map → ③-E-3

6 二軒茶屋
니켄차야 `야사카 신사 내`

야사카 신사의 이시토리이 안쪽에 있는 찻집. 야사카 신사 참배객을 상대로 장사를 시작해 그 역사가 무려 480년에 이른다. 두부를 꼬치에 꽂아 양념을 더한 미소를 발라 굽는 덴가쿠토후田楽豆腐의 발상지로 알려져 있다. 지금도 옛날 레시피 그대로 덴가쿠토후를 팔고 있고 맛차 파르페 역시 인기있는 메뉴다.

京都市東山区祇園八坂神社鳥居内
35.0031, 135.77867
075-561-0016
11:00–20:00 수 휴무
맛차 파르페 ¥1,250
nikenchaya.jp
Map → ①-D-3

녹차 뿐 아니라 다양한 계절 메뉴가 있어요!

EAT UP

BREAD

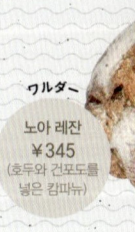

ワルダー
노아 레잔
¥345
(호두와 건포도를
넣은 캄파뉴)

복숭아 데니쉬
¥259
(여름 한정)

초콜릿 베이글
¥173

ワルダー
와루다
[카와라마치]

가게 이름인 와루다는 독일어로 숲이란 뜻이다. 싱겁고 딱딱한 독일 식사 빵이나 소시지를 넣은 조리 빵, 그 외에도 디저트로 제격인 달콤한 빵까지 다양한 종류의 빵을 판매한다. 오픈하고서도 계속해서 갓 구운 빵이 나오기 때문에 정오가 지나고 나서 방문하는 게 좋다.

京都市坂井町452ハイマートふや町1F
35.00701, 135.76583
075-256-2850 09:00-19:00 목 휴무
Map → ③-E-2

FLIP UP!
플립업
[카라스마오이케 역]

쫀득쫀득한 베이글이 맛있는 빵집. 서너 명 정도 들어가면 꽉 차는 실내는 문을 여는 시간부터 언제나 복작복작하다. 초콜릿 베이글에는 초콜릿이 듬뿍, 치즈 베이글에는 치즈가 듬뿍 들어가 있기 때문에 따로 크림치즈나 잼 등을 바르지 않아도 된다.

京都市中京区押小路通室町東入ル蛸薬師町292-2
35.01234, 135.75826
075-213-2833 07:00-18:00 일 월 휴무
Map → ②-B-3

교토는 빵을 사랑해

BOULANGERIE MASH KYOTO
마쉬
[시조 역]

포렴을 걷고 들어가면 내부는 빵집이라기보다는 전통과자 판매점 같은 느낌. 손바닥 두 개 정도 되는 크기의 크루아상을 비롯해 프랑스 빵이 많지만 교토에서 나온 식재료를 사용해 만든 독특한 빵도 마쉬의 인기메뉴.

京都市下京区東洞院高辻下る燈籠町568
34.99981, 135.76106
08:00-19:30 화 수 휴무
mashkyoto.com
Map → ②-B-3

BOULANGERIE MASH
맛차 메론 빵
¥160

FIVERAN
파티셰르
¥150
(커스터드 크림빵)

BOULANGERIE MASH
크루아상
¥180

FIVERAN
휘브란
[카라스마오이케 역]

꽤 넓은 카페 공간을 함께 운영하는 베이커리. 프랑스의 식사 빵 종류가 가장 많고 그 외에 일본인의 입맛에 맞춘 새로운 빵 종류도 많다. 시식용 빵이 꽤 푸짐하게 제공된다.

京都府京都市中京区役行者町377
35.009, 135.75778 075-212-5696
09:00-19:00 화 첫째 주 셋째 주 휴무
fiveran.jp
Map → ②-B-3

FIVERAN
키타노카오리
¥180
(일본식으로 변형된 치아바타)

BREAD

ANNEE
아네
새우와 호박 타르틴 ¥300

카라스마오이케 역

테이크아웃 해가기보다는 따뜻함이 느껴지는 실내에서 빵을 먹고 가고 싶어지는 아네. 특히 점심 세트 메뉴를 시키면 빵을 무제한으로 먹을 수 있기 때문에 나도 모르게 오래 앉아있게 된다. 빵을 2개 이상 사면 수프와 샐러드를 저렴한 가격에 먹을 수 있는 세트 메뉴도 있다.

京都市中京区姉小路室町西入ル突抜町139 프리모피오레1F
35.00974, 135.75767　075-222-0517
11:00~22:00 목요일 셋째 주 휴무
Map → ②-B-3

KYOTO SIZUYA 祇園店
교토 시즈야 기온점

KYOTO SIZUYA 명란 바게트 ¥170
KYOTO SIZUYA 다이몬지야마 팥빵 ¥170

야사카 신사

1948년 문을 연 이래로 교토에 20여개 이상의 지점을 운영하고 있는 빵집. 야사카 신사 바로 건너편의 기온점을 비롯하여 교토 역, 케이한 전철의 기온시조 역, 산조 역 등 유동인구가 많은 곳에 지점을 두고 있어 현지인이나 여행자나 가볍게 찾을 수 있다.

京都市東山区祇園町北側291
35.00393, 135.777　075-532-2052　08:00~21:00
sizuya.co.jp
Map → ①-D-3

전통의 이미지가 강한 도시 교토지만 알고 보면 빵 소비량 일본 1, 2위를 다투는 도시라는 사실을 아는 사람이 얼마나 될까? '빵러버' 교토 사람들이 특히나 더 편애하는 빵집을 찾아서 출발!

しろはとベーカリー
시로하토 베이커리

카라스마오이케 역

이른 아침부터 문을 여는 소박한 동네 빵집. 한 손에 들어올 정도의 크기의 빵이 많고 가격 역시 저렴한 편이라 여러 가지 종류를 맛볼 수 있다. 유독 긴 빵 이름에 그 빵의 재료와 특징이 다 담겨있다.

京都市中京区西押小路町102-2
35.01239, 135.76002
075-223-2242
07:00~19:00 일 월 휴무
Map → ③-D-1

しろはとベーカリー 전립분 100%로 만든 유자 빵 ¥160

しろはとベーカリー 간장과 옥수수로 만든 치아바타 ¥160

LEPETITMEC 御池店
르프티맥 오이케점

카라스마오이케 역

'파리의 어느 골목에 있는 평범한 빵집'을 모티브로 한 빵집. 본점인 이마데가와점을 포함해 모든 지점이 그다지 접근성이 좋지 않은데도 불구하고 언제나 영업 종료 전에 빵이 다 팔릴 정도로 인기 있다.

京都市中京区御池衣棚通上ル下妙覚寺町186 비스카리아 光樹1F
35.0113, 135.75706
075-212-7735
09:00~18:00
lepetitmec.com
Map → ②-B-3

LEPETITMEC 애플파이 ¥334

A SOLID MEAL

잘 차려낸 한 끼 식사

여행 중에는 그 나라,
그 도시에서 먹는 한 끼 한 끼가
전부 추억이 되기 마련이다.
굳이 '일식'이 아니어도 좋다.
교토에서 먹는 밥은
그저 '교토식'으로
기억하면 될 뿐.

1 平和的ごはんパドマ
파도마 　교토 고쇼

영어권 채식 전문 사이트에서 칭찬이 끊이지 않는 곳. 지하철 진구마루타마치 역神宮丸太町駅 바로 앞으로 이사하며 매장은 넓어졌고 영업시간도 길어졌다. 교토 고쇼, 헤이안 신궁과도 가깝다. 정식에 나오는 음식은 밥을 제외하고 7~8가지. 주문이 들어오면 그때부터 재료 손질을 해서 만들기 시작하는 음식도 있기 때문에 시간은 좀 걸리지만 기다린 보람을 충분히 느낄 수 있는 상냥한 맛이다. 가까이 산다면 매일 방문하고 싶은 음식점 중 하나다.

⌂ 京都市左京区下堤町82恵美須ビル2F
☎ 35.017, 135.77257 ☏ 075-708-7707
⏱ 12:00-19:00 금 휴무 🏠 padmazenfood.com
💴 마이크로비오틱 정식 ¥1,200, 평화의 정식 ¥1,300
Map ⋯ ①-B-4

A SOLID MEAL

2 豚屋とん一 京都寺町店
부타야톤이치 교토테라마치점 〔테라마치 상점가〕

전국에 체인점을 갖고 있는 돈카츠 전문점. 맛있고 양 많고 저렴하니 삼박자를 두루 갖췄다. 돈카츠 뿐만 아니라 돼지고기를 이용한 메뉴가 굉장히 많고 어떤 걸 선택해도 기본 이상의 실력을 보여준다. 단품을 시켰는데 조금 아쉽다 싶을 땐 100엔만 더 내면 밥과 된장국을 추가할 수 있다. 아이와 함께 오는 손님은 편한 자리로 안내해준다.

⌂ 京都市中京区寺町通六角下る式部町264
ⓜ 35.0064, 135.76677 ☎ 075-222-6101
⏱ 11:00-22:00(마지막 주문 21:30)
💴 카츠동 단품 ¥637, 돈카츠 정식 ¥961
Map → ③-E-3

3 碓屋
우수야 〔니조성〕

지금까지 일본에서 가본 장어요리 전문점은 카리스마 넘치는 백발의 요리사가 있는 노포였다. 우수야 역시 당연히 그런 음식점일거라고 생각했는데 웬걸. 카페에서나 볼법한 커다란 나무 테이블에서는 아기 의자를 놓고 엄마들이 수다를 떨고 한쪽에선 20대 커플이 데이트를 즐기고. 오사카의 노포에서 15년 동안 장어요리를 배운 주인은 남녀노소 누구나 편하게 장어요리를 접했으면 좋겠다는 바람으로 우수야를 열었다. 가게 분위기가 캐주얼하다고 해서 요리까지 가볍진 않다. 장어는 물론이요, 쌀과 채소 등 모든 식재료를 까다롭게 들여온다.

⌂ 京都市中京区三条通大宮西入る上瓦町58
ⓜ 35.00839, 135.74802
☎ 075-823-0033 ⏱ 11:30-15:00(마지막 주문 14:00)
18:00-22:00(마지막 주문 21:00) 수 휴무
💴 우메시주 ¥1,620 🏠 usuya.net
Map → ②-B-3

4 とようけ茶屋
토요우케차야 〔키타노텐만구〕

1897년 소매점에서 시작한 두부전문점. 본점은 토요우케차야에서 500m 정도 남쪽에 있다. 교토의 다른 두부전문점에 비하면 가격이 저렴한 편. 물론 그렇다고 해서 맛이 떨어지지 않는다. 두부로 만든 다양한 요리가 있는데 아무 양념도 하지 않아 두부 본래의 고소한 맛을 느낄 수 있는 따뜻한 두부 정식을 추천한다.

⌂ 京都市上京区今出川通御前西入紙屋川町82 ⓜ 35.02781, 135.7356
☎ 075-462-3662
⏱ 11:00-15:00 소매점 09:00-18:00 목 휴무(25일인 경우 영업)
💴 쿄야사이토나마유바젠 ¥1,782
유도후젠 ¥1,188 🏠 toyoukeya.co.jp
Map → ②-A-2

5 出町ろろろ
데마치로로로 〔시모가모 신사〕

시모가모 신사와 교토 고쇼 사이엔 의외로 숨겨진 맛집이 많은데 데마치로로로도 그 중 한 곳. 이곳의 명물은 두 개의 쟁반에 밥과 반찬이 나누어 나오는 점심의 로로로 도시락. 각각 다른 도자기 그릇에 조금씩 나오는 반찬은 입으로 먹기 전에 눈으로 먼저 먹는다. 반찬의 종류는 매일 들어오는 식재료에 따라 달라지고 밥은 일부러 살짝 눌려 고소한 누룽지도 함께 퍼준다.

⌂ 京都市上京区今出川通寺町東入一真町67-1 ⓜ 35.03012, 135.76856
☎ 075-213-2772 ⏱ 화 수목
11:30-16:00 금토일 11:30-13:30
18:00-20:30 월 둘째 주 넷째 주 일 휴무
💴 오히루노로로로벤토 ¥1,080
Map → ②-C-1

A SOLID MEAL

6 天周
テンシュ
〔기온〕

더 이상 특별한 기교가 필요 없다. 고슬고슬하게 잘 지은 흰쌀밥 위에 달큼한 소스를 끼얹고 굵은 붕장어 튀김 세 개를 올리면 끝. 붕장어 튀김을 한입 베어물면 튀김이 이토록 고소할 수도 있다는 사실에 깜짝 놀랄지도. 저녁에는 단품 메뉴는 판매하지 않고 5,000엔의 코스요리만 제공한다.

🏠 京都市東山区祇園町北側244
📍 35.00396, 135.7736
☎ 075-541-5177
🕐 11:00-14:00 17:30-21:00(마지막 주문 20:30) 수 휴무
💴 아나고 텐동 ¥1,100
🌐 tensyu.jp Map → ①-D-3

7 京都モダンテラス
교토 모던테라스
〔헤이안 신궁〕

츠타야 서점 2층에 있다. 천장이 높고 창이 넓어 실내에 있어도 바깥 풍경을 즐길 수 있고 테라스에 앉으면 헤이안 신궁, 히가시야마까지 보인다. 이른 아침부터 늦은 밤까지 든든한 식사와 커피, 술까지 한자리에서 즐길 수 있다.

🏠 京都市左京区岡崎最勝寺町13 ロームシアター京都パークプラザ2F
📍 35.014, 135.78156
☎ 075-754-0234
🕐 08:00-23:00
💴 아침메뉴 ¥800~, 런치코스 ¥2,800
🌐 kyotomodernterrace.com
Map → ①-C-3

8 青おにぎり
아오오니기리
〔철학의 길〕

일본식 삼각 김밥인 오니기리 전문점. 초밥을 만들 듯 하나씩 정성껏 만들어주는 오니기리는 그 종류만 해도 자그마치 20가지가 넘는다. 추천 메뉴는 현미밥에 소금 간을 한 겐마이(180엔). 점심시간(11:30-14:30)엔 오니기리를 3개 이상 주문하든가 된장국 혹은 달걀말이 등과 함께 주문해야 한다.

🏠 京都市左京区浄土寺下南田町39-3
📍 35.02349, 135.79335 ☎ 075-201-3662
🕐 11:30-매진 시까지 월 휴무 화 부정기 휴무
💴 각종 오니기리 ¥150~ 🌐 aoonigiri.com
Map → ①-B-1

9 まつは
마츠하
〔교토 시청〕

밥도 팔고 커피도 팔고 술도 판다. 어두운 실내는 어쩐지 몽환적이고 무심한 듯 놓인 작은 소품 하나하나 아름답다. 글로 그 분위기를 표현하기에는 한계가 있으니 일단 한번 가보시라. 너무도 교토스러운 그 분위기에 푹 빠져버릴 것이다.

🏠 京都市中京区晴明町671
📍 35.01358, 135.76514
☎ 075-231-7712
🕐 10:00-22:00(마지막 주문 21:00) 월 휴무
💴 오늘의 식사 ¥1,500
🌐 matsuha225.com
Map → ②-C-2

A SOLID MEAL

[10] 卯SAGIの一歩
우사기노잇포 　[헤이안 신궁]

소박한 교토 가정식 전문점. 헤이안 신궁에서 걸어서 10분 정도 떨어진 조용한 골목에 위치한다. 포렴을 걷고 들어가면 작은 정원이 먼저 손님을 맞이하고 실내 역시 오래된 옛집의 풍경이 그대로 남아 있다. 반찬을 하나씩 따로 주문할 수 있으나 '오늘의 오반자이 세트'가 훨씬 저렴하다. 조금 심심한 듯 소박한 반찬은 매일 먹어도 질리지 않을 것 같은 맛. 윤기가 흐르는 흰쌀밥은 씹으면 씹을수록 달고 고소하다.

京都市左京区岡崎円勝寺町91-23
35.01107, 135.78379　075-201-6497　11:00-17:00 금 휴무
오늘의 오반자이 세트 ¥1,680　Map → ①-C-2

[11] 光兎舎
코우사기샤 　[긴카쿠지]

요즘 뜨고 있는 채식전문 음식점 중 하나. 1층은 갤러리 2층이 음식점이다. 2인, 4인 테이블 없이 한가운데 커다란 나무 테이블 하나 뿐이라 모두 자연스럽게 합석을 하게 된다. 대표 메뉴는 수프를 포함해 10가지 정도의 음식을 하나의 접시에 내어주는 코우사기고한플레이트. 밥을 제외하고도 양이 꽤 많은 편인데 미리 밥을 빼달라고 하면 100엔을 할인해준다.

京都市左京区浄土寺上馬場町113 木のビル
35.02501, 135.79177
075-761-7707
12:00-18:00(15:00 이후엔 카페 영업)
코우사기고한플레이트 ¥1,800　kousagisha.com
Map → ①-B-1

[12] つばめ
츠바메 　[이치조지 역]

이치조지 지역을 산책하다가 우연히 발견했다. 제비가 그려진 하얀 입간판과 깨끗한 하얀 벽이 기분 좋은 공간. 오늘의 정식은 딱히 정해진 시간 없이 재료가 떨어지기 전이라면 영업시간 내내 먹을 수 있다. 열심히 다니다가 밥때를 놓쳤는데 제대로 된 한 끼를 먹고 싶다면 추천.

京都市左京区一乗寺払殿町 50-1
35.04385, 135.78674
075-723-9352
11:30-20:30 일 휴무
오늘의 정식 ¥850
Map → ⑤-E-2

[13] グリルキャピタル東洋亭 ポルタ店
도요테이 포르타점 　[교토 역]

1897년 개업한 교토를 대표하는 경양식 레스토랑. 현재 교토에 5개, 오사카에 4개 지점을 운영하고 있다. 본점이 시내 북쪽에 있어 접근성이 떨어지는데 반해 포르타점은 교토 역과 지하에서 이어져 있어 여행자가 방문하기 좋다. 대표메뉴인 알루미늄 포일에 싸여 제공되는 함바그 스테이크는 어딘지 아련하고 익숙한 맛이다. 세트를 시키면 함께 나오는 토마토 샐러드와 구운 감자도 별미.

京都駅前ポルタ地下街　34.98697, 135.75755
075-343-3222　11:00-22:00(마지막 주문 21:15)
함바그 스테이크 A런치 ¥1,320
www.touyoutei.co.jp　Map → ②-B-4

NOODLE

라멘, 소바, 우동 어느 하나 빠지지 않는

무슨 라멘의 본토라거나 어떤 우동의 발상지라거나. 교토에는 그런 수식어가 없다.
하지만 라멘이든 우동이든 소바든 일본을 대표하는 면 요리가 교토만의 색을 입고 다시 태어났다.
본토가 좀 아니면 어때. 맛있으면 됐지!

1 らーめん千の風
라멘센노카제 [시조카와라마치]

식사시간엔 기본 대기시간 30분부터. 입구에 이름을 적고 번호가 적힌 나무패를 받으면 된다. 주변에 워낙 볼거리가 많고 바로 맞은편 갤러리 앞에는 벤치도 있어서 시간을 보내는 게 그다지 힘들지는 않다. 교토에서 외국인 손님의 비율이 제일 많은 라멘집이라 외국인 입맛에만 맞춘 건 아닐까 걱정했는데 기우에 불과했다. 재즈가 흐르는 실내에서 노부부가 만들어주는 라멘은 간이 적당히 되어있고 차슈에서는 은은한 불맛이 느껴진다.

⌂ 京都市中京区新京極通四条上ル中之町 580
⊕ 35.00457, 135.76752
☎ 075-255-0181
⊕ 12:00-22:00 일 월 휴무
🍜 코노시오 라멘 ¥930
   코노쇼유 라멘 ¥930
🏠 ramensennokaze.com
Map → ③-E-3

라멘

2 和醸良麺すがり
와멘료조스가리 [카라스마 역]

간판이 없다. 입구 오른쪽에 난 창문으로 라멘을 먹는 사람들의 모습을 보고 겨우 찾았다. 가장 인기 있는 메뉴는 곱창이 들어간 츠케멘. 군내 없이 깔끔하게 손질한 곱창은 해산물과 닭으로 낸 국물과 잘 어울린다. 일반 밀가루에 비해 섬유소가 많은 전립분을 사용해 면을 만든다.

⌂ 京都市中京区観音堂町471-1
⊕ 35.00426, 135.75729
⊕ 11:00-15:00(주말 16:00) 17:30-22:00
🍜 아지타마 모츠 츠케멘 ¥1,000
Map → ②-B-3

3 吟醸らーめん久保田
긴조라멘쿠보타 [니시혼간지]

다른 곳에서는 볼 수 없는 미소 츠케멘을 맛볼 수 있다. 해산물로 낸 국물에 몇 가지의 미소를 섞는데 탄탄멘보다는 덜 맵지만 매운 음식을 잘 못 먹는다면 한국인에게도 약간 맵게 느껴질 정도. 박력 있는 굵은 면은 씹는 맛이 좋다. 대부분의 일본 라멘이 그렇듯 약간 짠 편이라 국물이 많이 남는데 흰쌀밥에 비벼먹으면 맛있겠다는 생각이 들었다. 주문은 자판기에서 하면 된다.

⌂ 京都市下京区西松屋町563フジ萬ビル 1F
⊕ 34.99294, 135.75524
☎ 075-351-3805
⊕ 11:00-14:30 18:00-22:00 화 휴무
🍜 긴조 츠케멘 미소 ¥870
Map → ②-B-4

4 山崎麺二郎
야마자키멘지로 [엔마치 역]

일부러 찾아간 보람이 있는 라멘집. 닭 육수를 베이스로 한 시오 라멘은 투명한 국물이 반짝반짝 빛나 얼마나 정성껏 고아냈는지 알 수 있다. 면은 직접 만든 중면을 사용한다. 주변에 볼거리가 아무것도 없기 때문에 만약 버스 1일승차권이 있다면 킨카쿠지를 본 후 버스를 타고 교토 역 방향으로 가는 길에 들르면 좋다.

⌂ 京都市中京区西ノ京北円町1-8
⊕ 35.01949, 135.73158
☎ 075-463-1662
⊕ 11:30-14:00 18:00-22:00 월 화 휴무
🍜 시오 라멘 ¥750, 츠케멘 ¥700
Map → ④-C-2

NOODLE

우동

해장이 필요해!
♦ 혼케 다이이치아사히 다카바시본점 ♦
本家第一旭 たかばし本店
교토 역

여행의 흥에 겨워 과음을 했을 때 뜨끈한 국물이 필요하다면 여기만 한 선택이 없다. 교토 역에서 걸어서 7분 정도 걸리는 곳에 교토를 대표하는 라멘집 혼케 다이이치아사히 다카바시 본점이 있다. 일본의 음식점으로는 드물게 매우 긴 영업시간이 고맙고 파를 아낌없이 올려주는 시원한 국물의 라멘이 고맙다. 파를 더 먹고 싶다면 추가는 무료!

🏠 京都市下京区東塩小路向畑町845
📍 34.98668, 135.76249
📞 075-351-6321
🕐 06:00~25:00 목 휴무
🍜 특제 라멘 ¥800
🌐 honke-daiichiasahi.com
Map → ⑥-E-3

야마모토멘조

---

5 山元麵蔵
야마모토멘조 **[헤이안 신궁]**

교토뿐만 아니라 일본 전국을 통틀어서 손에 꼽히는 우동집. 애매한 시간대인 오후 4시쯤 가도 항상 기다리는 사람이 있다. 우동과 함께 이 집의 명물은 바로 우엉튀김. 한국인의 입맛에는 국물이 조금 짤 수 있는데 그 짠맛을 고소한 우엉튀김이 잡아준다. 정신없이 바빠 보이는데도 수시로 맛을 체크하고 여름에는 다 먹고 난 뒤에 차갑게 얼린 물티슈까지 챙겨주는 등 맛과 서비스 무엇 하나 빠지지 않는 집.

🏠 京都市左京区岡崎南御所町34
📍 35.01429, 135.78482 📞 075-751-0677
🕐 11:00~18:00(수 14:30) 목 넷째 주 수 휴무(공휴일인 경우 영업, 다음날 휴무)
🍜 츠치고보텐 우동 ¥970 🌐 yamamotomenzou.com
Map → ①-C-2

6 仁王門うね乃
니오몬우네노 **[헤이안 신궁]**

본점은 일본식 육수인 다시를 우려낼 때 사용하는 식재료를 전문으로 파는 가게다. 때문에 국물 맛이야 두말할 필요가 없다. 국물 맛을 제대로 느끼기 위해서는 따뜻한 우동을 주문하는 편이 좋다. 대표 메뉴는 유부가 올라간 키츠네 우동과 소고기와 파가 듬뿍 들어간 니쿠네기 우동. 파는 교토를 대표하는 채소 중 하나인 쿠조네기를 사용한다. 교토에서 먹은 우동 중에서 면이 가장 쫄깃했다.

🏠 京都市左京区新丸太町14
📍 35.01185, 135.77319 📞 075-751-1188
🕐 11:30~15:30 16:30~19:30 목 휴무, 월 부정기 휴무
🍜 키츠네 우동 ¥850, 니쿠네기 우동 ¥1,300
🌐 odashi.com/udon
Map → ①-C-4

7 日の出うどん
히노데우동 **[에이칸도]**

에이칸도에서 철학의 길로 들어가는 길가에 있는 작은 우동집. 대표 메뉴인 카레 우동은 매운맛의 정도를 선택할 수 있다. 기본은 한국인 입맛에는 전혀 맵지 않기 때문에 약간 매운맛을 추천. 나이가 지긋하신 직원들은 시골 할머니마냥 다정하고 간단한 인사말 정도의 한국어도 할 줄 아신다.

🏠 京都市左京区南禅寺北ノ坊町36
📍 35.01638, 135.79366 📞 075-751-9251
🕐 11:00~15:30 일 첫째 주 셋째 주 월 휴무
🍜 니쿠 카레 우동 ¥900
Map → ①-C-1

NOODLE

소바

8 蕎麦工房 蕎麦の実よしむら
소바 공방 소바노미요시무라 [히가시혼간지]

본점은 아라시야마에 있다. 항상 붐비는 본점과 달리 히가시혼간지 근처의 소바 공방은 대기시간이 거의 없다. 한국어 메뉴판이 있기 때문에 주문도 어렵지 않다. 직접 뽑은 메밀 면은 메밀 함량이 높아 쫄깃한 맛은 덜하지만 구수한 향이 잘 살아있다. 식사를 마칠 때쯤에 자루 소바를 먹은 후 남은 츠유를 희석해서 마시라고 면을 끓인 물을 준다.

京都市下京区五条烏丸東入る北側
34.99645, 135.76022 075-353-0114
11:00~17:00 17:30~21:30
평일 한정 오늘의 정식 ￥1,180
Map → ②-B-4

9 本家尾張屋 本店
혼케오와리야 본점 [교토 고쇼]

1465년 창업해 550년 이상 교토의 역사와 함께 해왔다. 원래는 과자가게로 시작했고 에도 시대 중기부터 소바를 팔기 시작해 왕실과 사찰 등에도 납품해왔다. 대표 메뉴인 호라이 소바는 5단 찬합에 나오는 차가운 소바로 새우튀김, 표고버섯, 참깨 등 다양한 고명과 함께 츠유에 찍어먹으면 된다. 호라이 소바 외에 카케 소바, 자루 소바 등의 기본도 훌륭하다. 1층에서 메밀로 만든 과자와 츠유, 면 등을 판매한다.

京都市中京区車屋町通二条下る
35.01279, 135.76012 075-231-3446
11:00~19:00(마지막 주문 18:00) 1월 1일 2일 휴무
호라이 소바 ￥2,160, 카케 소바 ￥756
honke-owariya.co.jp
Map → ②-C-2

SUSHI

조금 색다른 고도의 초밥 문화

일본에 왔으니 초밥을 빼놓으면 섭섭하다. 바다를 끼고 있는 오사카나 도쿄만큼의 박력은 없지만 스타일이 확고한 교토의 초밥. 그 깊은 맛에 빠지면 좀처럼 헤어나지 못할지도 모른다.

1 京のすし処 末廣
쿄노스시도코로 스에히로

교토 시청

2백 년 동안 교토 사람들의 사랑을 받아온 초밥집. 가게 안에는 그 역사가 고스란히 담겨있다. 우리가 흔히 알고 있는 하나씩 손으로 쥐어 만드는 초밥인 니기리즈시는 19세기 초에 등장했다. 도쿄 앞바다에서 잡은 생선으로 만들었다 해서 에도마에즈시라고도 한다. 하지만 그와 비슷한 시기에 등장한 간사이의 초밥은 조금 달랐다. 네모난 상자에 생선을 깔고 밥을 넣어 모양을 만든 후 한입 크기로 썰어내는 초밥이 바로 간사이 스타일인 하코즈시箱寿し다. 스에히로에서는 바로 그 하코즈시를 맛볼 수 있다. 물론 익숙한 에도마에즈시도 있다. 생선을 쪄서 올리는 겨울 한정메뉴 무시즈시蒸しずし도 인기가 많다. 익숙하지 않은 맛에 호불호가 갈릴 수 있으나 교토의 전통을 맛보고 싶은 사람에게 추천하는 집. 사진이 들어간 영어 메뉴판이 준비되어 있다.

⌂ 京都市中京区寺町通二条上る要法寺前町711　35.01439, 135.76714
☎ 075-231-1363　⏰ 11:00-19:00 월 휴무　코하코즈시 ¥1,458
🏠 sushi-suehiro.jp　Map → ②-C-2

2 いづ重
이즈주

야사카 신사

역시 1백 년 이상 교토 사람들의 사랑을 받아온 초밥집. 대표 메뉴는 고등어 초밥인 사바즈시 鯖ずし. 고등어로 만든 초밥이라니. 무척 비릴 것 같지만 막상 먹어보면 생각보다 비리지 않고 눅진하게 감겨오는 기름진 맛이 입안을 꽉 채운다. 제주도의 고등어 회보다 조금 더 맛이 강한 정도다. 고등어 초밥을 감싸고 있는 다시마는 먹기 전에 떼어내야 한다. 고등어 초밥만 1인분을 시키기 조금 부담스러우면 하코즈시 등과 반씩 섞인 메뉴도 있다. 가게 자체가 워낙에 유명하기도 하고 여행자가 많이 지나다니는 지역이라 영어 메뉴판이 준비되어 있다.

⌂ 京都市東山区祇園町北側292-1　35.00399, 135.77707　☎ 075-561-0019
⏰ 10:30-19:00(마지막 주문 18:30) 수 휴무(공휴일인 경우 영업, 다음날 휴무)
사바즈시 ¥2,160　🏠 gion-izuju.com　Map → ①-D-3

3 寿しのむさし 三条本店
스시노무사시 산조본점

카와라마치산조

부담 없이 초밥을 먹고 싶다면 회전초밥만한 선택도 없다. 카와라마치 한복판에 있어서 현지인이나 여행자 모두 많이 방문하는 스시노무사시 산조본점. 우리가 알고 있는 전형적인 회전초밥집이다. 146엔짜리 기본 접시는 고추냉이가 들어간 접시와 들어가지 않은 접시가 있다. 한번 집은 접시를 다시 되돌려놓는 건 매너가 아니기 때문에 선택할 때 주의하자.

⌂ 京都市中京区河原町三条上ル恵比須町440　35.00894, 135.76520
☎ 075-222-0634　⏰ 11:00-21:45(마지막 입점 21:20)
기본 한 접시 ¥146(세금 별도)　🏠 sushinomusashi.com　Map → ③-F-2

CURRY

알고 보면 교토는 카레의 성지?!

인스턴트 카레 혹은 인도 커리에 익숙한 사람이라면 교토에 와서 두 번 놀랄 것이다. 카레 종류의 다양함에 한 번 놀라고 인도 요리를 너무도 완벽하게 '일본화' 시켰다는 사실에 두 번 놀라고. 음식점마다 카페마다 고유의 레시피를 갖고 천천히 뭉근하게 끓여주는 카레. 뭐 카레가 다 똑같지 하는 사람에게 엄청난 카운터펀치를 날리는 도시가 바로 교토다.

1 カオススパイスダイナー
카오스스파이스다이나

京都市中京区新京極通三条下る桜之町 406-28 AIビル 2F
35.00781, 135.76718 ☎ 075-212-1120
11:30-22:00(마지막 주문 21:30)
보통 사이즈 카레 한 종류 선택 ¥864
khaos-spicediner.com
Map → ③-E-2

테라마치 상점가

테라마치 상점가와 신쿄고쿠 상점가가 연결되는 골목에 있다. 이 근처 음식점으로는 드물게 실내를 꽤 넓게 쓰는 편이다. 대표 메뉴는 다진 고기가 들어간 키마 카레. 향신료의 맛이 꽤 강하다. 밥과 카레의 양을 선택할 수 있고 카레 종류도 대표 메뉴 외에 두 가지를 더 선택할 수 있어 조금씩 다양하게 맛보고 싶을 때 방문하면 좋다.

2 スパイスチャンバー
스파이스찬바

시조 역

京都市下京区室町通綾小路下る白楽天町502福井ビル1F
35.00233, 135.75804 ☎ 075-342-3813
11:30-15:00(화 수 목 금은 저녁 영업 병행 18:00-21:00)
키마 카레 ¥1,000, 치즈 토핑 ¥100, 피클 추가 ¥50
spicechamber.com
Map → ②-B-3

3 カラヒカレー
카라히카레

시조카와라마치

京都市下京区四条寺町下がる貞安前之町619朝日ビル2F東
35.00305, 135.76699 ☎ 075-555-9974
11:30-15:00(마지막 주문 14:30) 18:00-21:00(마지막 주문 20:30) 월 휴무(공휴일인 경우 영업, 다음날 휴무)
치킨 카레 ¥800
karahicurry.sakura.ne.jp
Map → ③-E-4

일본의 매운맛을 얕봤다가 눈물 콧물 쏙 뽑았다. 치즈 토핑이 괜히 있는 게 아니라는 사실을 딱 한입 먹어보고 바로 알았다. 일본에서 먹었던 카레 중 가장 맵고 그래서 가장 맛있게 먹었던 카레가 바로 스파이스찬바의 키마 카레. 일본인 손님은 백이면 백 치즈 토핑을 추가한다. 직접 만든 피클은 처음에 한번은 무료로 제공되고 추가할 경우 50엔을 더 내야한다.

메뉴는 오로지 치킨 카레 한 가지뿐이다. 큰 냄비가 있는 게 아니라 주문이 들어오면 그때마다 새로 카레를 끓이기 때문에 시간이 조금 오래 걸리지만 깔끔한 맛이 난다. 닭고기는 가슴살을 사각형으로 잘라내어 씹는 맛이 좋다. 음료는 차이티와 맥주 두 가지가 있는데 차이티는 밍밍한 편이라 추천하지 않는다.

CURRY

6 ウサギノネドコ
우사기노네도코 　　　　　니시오지오이케 역

오래된 목조 가옥에 게스트하우스, 잡화점, 카페가 함께 들어왔다. 잡화점에서는 교토 다른 어디에서도 보지 못했던 독특한 상품인 식물, 광물 등의 표본을 판매한다. 카페 내부에도 온통 자연의 조형물뿐이다. 카레는 천연유리인 텍타이트에서 영감을 받아 만들었는데 카레와 함께 진짜 텍타이트를 가지고 와서 보여준다. 검은색 드라이카레는 사과와 꿀로 단맛을 냈고 나중에는 입 안에 알싸하게 매운맛이 남는다.

京都市中京区西ノ京南原町37　35.01079, 135.73379
075-366-6668　11:30-20:00(마지막 주문 19:00) 목 휴무
인세키 카레 ￥972　usaginonedoko.net　Map → ②-A-3

4 森林食堂
신린쇼쿠도　　　　　　　　　니조성

영업일이 들쑥날쑥한 가게는 소개하기 망설여지지만 신린쇼쿠도는 한눈에 반해버렸기에 꼭 소개하고 싶다. 분명 영업시간 중임에도 두 번이나 허탕을 치고 세 번째에야 겨우 그 맛을 볼 수 있었던 카레. 대표 메뉴는 다진 고기를 넣은 키마 카레와 거기에 시금치가 더해진 키마 호렌소 카레. 스파이시한 향신료에 묻히지 않을 정도로 레몬밤이나 오레가노 등 허브향이 물씬 나는 게 신린쇼쿠도 카레의 특징. 다른 곳에서는 보지 못한 멧돼지 고기 카레도 이곳의 명물이다. 초록이 가득한 실내 역시 매력적이다.

京都市中京区西ノ京内畑町24-4
35.01433, 135.73916　075-202-6665
11:30-15:00 18:00-22:00
6의 배수일 휴무, 부정기 휴무 있음
키마 카레 ￥700 키마 호렌소 카레 ￥800
shinrin-syokudo.com
Map → ②-A-2

7 ASIPAI + HIBICOFFEE KYOTO
아시파이 + 히비커피 교토　　교토 역

교토부의 이웃인 돗토리현의 유명한 카레집의 지점이다. 막다른 골목의 한구석에 호스텔과 카페도 함께 붙어 있다. 매일 바뀌는 오늘의 카레는 생각지도 못한 창의적인 조합으로 궁금증을 자아내지만 대표 메뉴는 역시 돗토리토리 카레와 돗토리니쿠 카레. 삿포로의 수프 카레마냥 묽은 카레는 생크림 혹은 우유나 버터가 들어갔는지 유제품 특유의 부드러운 맛이 느껴진다.

京都市下京区七条通河原町東入材木町460
34.98955, 135.7645　075-276-3526
11:30-15:00(마지막 주문 14:45) 18:00-21:00 화 휴무
돗토리토리 카레 ￥880
Map → ②-C-4

5 SONGBIRD COFFEE
송버드 커피　　　　　　　　　니조성

넓적하고 둥근 모양의 밥에 갈색 카레, 그리고 그 위에 하얀 달걀을 얹는다. 원래는 디자인 사무소인데 어쩐지 새둥지 모양을 한 이 카레가 더 유명해져 버렸다. 숟가락으로 달걀을 반 가르면 덜 익은 노른자가 반짝반짝 빛나면서 흘러내린다. 카레는 매운맛보다는 달콤한 맛이 강하다. 카페 한쪽에서는 독특한 디자인 상품을 판매한다.

京都市中京区竹屋町通堀川東入西竹屋町529
35.01623, 135.75221
075-252-2781　12:00-20:00(마지막 주문 19:20) 목, 첫째 주와 셋째 주 수 휴무
송버드 카레 ￥900
songbird-design.jp
Map → ②-B-2

ALCOHOL

깊어가는 교토의 밤

종종걸음으로 출근을 하는 게이코의 뒷모습과 함께 스리슬쩍 교토가 어둠에 잠긴다. 하루에 한번 이상 신사나 사찰 앞을 지나가며 수 십 만의 신과 만나는 교토 사람들이라도 결국 하루의 스트레스를 풀어주는 것은 신이 아닌 마음이 맞는 사람과의 생맥주 한 잔일지도 모르겠다. 이자카야에서 칵테일 바에서 혹은 편의점에서 그렇게 밤이 깊어간다.

★ '주량 맥주 한 잔'의 교토 술집

솔직히 말하면 처음 일본 땅을 밟은 후 지난 11년 동안 수십 번을 넘게 일본을 드나들었지만 혼자서 술집에 가본 적은 단 한 번도 없다. 술을 싫어하냐고? 노! 문제는 주량이 맥주 한 잔이라는 사실. '술은 마시면 늘어'도 소용없었다. 편의점에서 달달한 호로요이를 사서 숙소에 올짝거리다 반 캔도 마시지 못하고 잠드는 것 정도가 일본에서의 음주 기억의 전부. 그런 '술알못'이 스무 군데가 넘는 교토의 술집을 돌아다니면서 생긴 궁금증과 팁을 한데 모았다.

❶ 술 종류도 안주 종류도 너무 많아! 심지어 손으로 쓴 글씨는 알아볼 수도 없어!
일본어를 할 줄 알아도 아무 소용이 없었다. 술과 안주의 종류는 수십 가지. 게다가 깔끔하게 인쇄해서 나온 메뉴판이 아니라 날려 쓴 글자는 읽기는 더 어려웠다. 그럴 때는 무조건 추천 메뉴를 주문했고 단 한 번도 실패한 적이 없었다. 술은 종업원에게 묻는 게 제일 좋고 안주는 메뉴판의 '오늘의 추천 메뉴'를 고르면 된다. 정확한 일본어나 영어를 구사할 필요도 없다. 추천이라는 뜻의 "오스스메" 혹은 "레커멘드"라고 단어만 이야기해도 찰떡같이 알아듣는다.

❷ 주문도 안했는데 안주를 주네?
처음 유럽에 갔을 때의 일이다. 나는 요리와 음료를 각각 하나씩 주문했을 뿐인데 계산서에 내가 모르는 내역이 하나 더 있었다. 우리나라 음식점, 술집에서는 상상도 못할 자릿세였다. 일본에도 자릿세가 있다. 일본어로 '오토시 お通し'라고 하는 자릿세는 간단한 기본 안주를 내어주고 300~500엔 정도 받는 문화. 본문에 나온 술집 중에서는 마스야사케텐만 350엔의 자릿세가 있는데 안주와 함께 소주잔 정도의 사케를 한잔 내준다. 유럽에서의 경험이 없었다면 바가지로 오해했을 뻔!

❸ 안주 가격이 너무 싸다???
한국의 선술집에서 먹었던 1만 5,000원짜리 나가사키 짬뽕은 다 무엇이었던가. 취급하는 술이 맥주든 사케든 와인이든 모든 술집의 안주가 기본 300엔부터 시작했다. 물론 손바닥 크기 정도의 접시에 나오는 삶은 풋콩이라든가 감자 크로켓 하나라든가 안주의 양은 매우 적었지만 식사를 하고 와서 한 잔할 때 부담되는 안주를 시킬 필요가 없어 좋았다. 물론 가격이 저렴하다고 하나 둘 시키다보면 결국 먹은 만큼 내야 한다는 사실에는 변함이 없지만.

1 京都醸造 KYOTO BREWING CO.
교토 브루잉 컴퍼니   〔토지〕

웨일스인, 미국인, 캐나다인이 맛있는 맥주를 만들기 위해 교토에서 의기투합했다. 세 명의 외국인이 만든 교토양조는 교토에 지역 맥주 바람을 몰고 왔고 교토 사람들의 자랑거리가 되었다. 이제는 교토에 있는 대부분의 맥주집에서 교토 양조의 맥주를 마실 수 있게 됐지만 양조장에서 마시는 맥주는 역시나 남다르다. 매주 주말, 맥주를 사랑하는 사람들이 교토에 모인다. 모르는 사람끼리 서로 싸온 안주를 나눠먹고 술집을 추천해주며 친구가 된다. 이 자리에선 국적, 나이, 성별은 전혀 중요하지 않다. 맥주로 대동단결, 간빠이!

⌂ 京都市南区西九条高畠町25-1   ◎ 34.97484, 135.74367   ☎ 075-574-7820
⏰ 주말 12:00~18:00(마지막 주문 17:30)   Map → ⑥-D-4

ALCOHOL

2 ビア小町
비아 코마치

[히가시야마 역]

불이 꺼진 가게가 많아 낮에도 어두운 상점가에 오직 한 군데에서만 사람들의 웃음소리가 새어나온다. 교도양조에 갔다가 30년 동안 교토의 술집이란 술집은 다 다녀봤다는 아저씨가 추천해준 집. 교토뿐만 아니라 다른 지방의 맥주도 있고 수시로 라인업을 바꿔준다. 업소용 냉장고를 개조해 맥주통(케그)을 넣어 관리하는 모습도 색다르다. 안주는 감자튀김(450엔), 견과류 모둠(330엔) 등 기본부터 그날 들어오는 재료에 따라 달라지는 '오늘의 안주'까지 종류가 매우 다양하다. 영어 메뉴판이 있다.

⊙ 京都市東山区八軒町444 ✦ 35.00903, 135.77899 ☎ 075-746-6152
⊙ 17:00(주말 15:00)~23:00(마지막 주문 22:30) 화 휴무
🍺 생맥주 500㎖ ¥950~ 안주 ¥330~
Map → ①-D-3

3 BUNGALOW
반가로

[카라스마 역]

카와라마치도리에서부터 시조도리를 따라 걸어와 카라스마 역을 지나면 그때부터 눈에 띄게 조용해진다. 그리고 나서도 10분 정도 더 걸어야 반가로가 나온다. 이런데 있는 술집이 되겠어? 싶었는데 2층까지 거의 대부분의 테이블이 차 있는 걸 보면 꽤 괜찮은 술집인 모양. 역시나 일본의 지역 맥주를 충실히 갖추고 있다. 물이나 냅킨 등은 셀프. 영어 메뉴판이 있다.

⊙ 京都市下京区柏屋町15 ✦ 35.00352, 135.75285 ☎ 075-256-8205
⊙ 15:00~26:00(마지막 주문 25:00) 일 휴무(공휴일인 경우 영업, 다음날 휴무)
🍺 맥주 443㎖ ¥950 안주 ¥300~ 🌐 bungalow.jp
Map → ②-B-3

4 レボリューションブックス
레볼루션 북스

[시조카와라마치 역]

술파는 책방은 우리나라에도 일본에도 이제 꽤 많이 생겼다. 사실 술보다는 책방을 목적으로 여러 군데를 다녀봤지만 그 중 최고가 바로 레볼루션 북스. 먼저 책방 레볼루션 북스. 술이 됐든 먹는다는 행위 그 자체가 됐든 어쨌든 '식食'에 대한 책을 충실하게 갖춰놓았다. 해가 지면 슬슬 카운터부터 차기 시작한다. 카운터가 다 차면 낮 동안 책장의 역할을 했던 가구가 테이블로 변한다. 술의 종류는 맥주부터 사와, 하이볼, 소주, 사케, 와인 등 다양하다. 맥주는 요즘 유행하는 소규모 양조장 맥주 아닌 에비스 맥주. 술 종류가 많기도 하지만 레볼루션 북스가 다른 술파는 책방과 가장 다른 점은 바로 안주. 카운터 뒤쪽 벽에 어지럽게 붙어있는 종이가 안주 메뉴판. 종류가 너무 많아 혹은 일본어를 몰라 고르기 어렵다면 '오늘의 추천 안주'가 역시 최고다.

⊙ 京都市下京区西木屋町通船頭町235集まりC号
✦ 35.0024, 135.76798 ☎ 075-341-7331
⊙ 13:00~23:00 🌐 revolutionbooks.jp
Map → ③-F-4

ALCOHOL

5 益や酒店
마스야사케텐 〔시조카와라마치〕

들어가자마자 오른쪽 벽에 붙어 있는 팔뚝만한 술병이 눈을 사로잡는다. 어린 시절 제사를 지낼 때 어른들의 입에 오르락내리락했던 '정종'은 사케 브랜드 '마사무네正宗'의 우리나라 발음이다. 사케 전문점인만큼 항상 약 40종류의 사케가 준비되어 있다. 이쯤 되면 일본인이라도 주당이 아닌 이상 헤매기 마련. 그럴 때는 주저 말고 추천을 부탁하자. 와인을 고를 때처럼 드라이, 스위트 혹은 지역 정도의 요청만으로도 사케 전문가인 종업원들이 알아서 골라준다. 안주 역시 종류가 너무 많아 고민된다면 추천메뉴인 '토리아에즈とりあえず'부터 시작해보자.

🏠 京都市中京区御幸町通り四条上ル大日町426 1F   ⊙ 35.00418, 135.76641
☎ 075-256-0221   🕐 17:30(주말 15:00)-23:30 부정기 휴무
💴 사케 작은 잔(90㎖) ¥486~ 큰 잔(180㎖) ¥918~ 안주 270~
🌐 masuya-saketen.com Map → ③-E-3

6 すいば 四条河原町店
스이바 시조카와라마치점 〔시조카와라마치〕

일본 드라마나 만화 속에 나오는 그야말로 전형적인 선술집. 카운터에는 주로 혼자 온 사람, 잡지 한 권을 올리면 꽉 찰 것 같은 작은 테이블에는 많아야 세 명 정도가 같이 술을 마신다. 좁은 실내에서 서서 마셔야함에도 불구하고 누구 하나 불편해 보이지 않는다. 이런 분위기에선 술은 우선 '토리아에즈 비-루'(어쨌든 맥주), 안주는 '에다마메'(풋콩)만한 것이 없다. 시조카와라마치점이 제일 붐비는 편인데 근처에 롯카쿠토미노코지점, 타코쿠쿠시무로마치점 등 두 개의 지점이 더 있다.

🏠 京都市中京区中之町569-2   ⊙ 35.00415, 135.76817   ☎ 075-212-7701
🕐 16:00(주말 15:00)-24:00(마지막 주문 23:30) 월 첫째 주 화 휴무
💴 생맥주 ¥300 추하이 ¥250 하이볼 ¥350~ 안주 ¥100~   🌐 suiba.jp Map → ③-F-3

7 居酒屋あんじ
이자카야안지 후야초아야노코지점 〔시조카와라마치〕

매일 아침 산지에서 들어오는 해산물로 만드는 안주로 유명한 이자카야. 일본어 메뉴판밖에 없지만 안주 사진이 있어서 고르기 어렵지는 않다. 대표 메뉴인 도미 간장 졸임은 크게 잘라낸 도미의 머리에 간장, 미림 등을 넣고 졸인 요리다. 평일 점심(11:30-13:30)에는 식사도 가능하다. 닭 요리 전문점인 벳핀야べっぴんや를 비롯해 교토 시내에 총 4개의 지점이 있다.

🏠 京都市下京区麩屋町通四条下ル八文字町334   ⊙ 35.00259, 135.76565
☎ 075-344-5665   🕐 17:00-26:00(주말 24:00, 마지막 주문 마감 1시간 전)
💴 하이볼 ¥486, 타이노아라다키 ¥702   🌐 anji-gr.com/anji_fy.html Map → ③-E-4

ALCOHOL

8 SOUR
사와
시조카와라마치

요즘 SNS에서 가장 핫한 교토의 술집이 바로 사와. 사와는 증류주에 과즙, 탄산수, 감미료 등을 섞어 만든 칵테일의 한 종류. 계산대 안쪽에 있는 과일 냉장고엔 여느 과일 전문점 못지않게 신선한 과일이 그득그득하다. 주문을 할 때는 과일의 이름을 말하기만 하면 된다. 그 자리에서 과즙을 짜내고 과육을 올려서 사와 한잔 완성! 가장 인기 있는 메뉴는 봄에는 딸기, 여름에는 수박 등 제철과일. 테이크아웃도 가능하다.

🏠 京都市中京区 裏寺町通四条上る 裏寺町607-19 ヴァントワビル1F
📍 35.00479, 135.76797 📞 075-231-0778 🕐 15:00~24:00 🌐 sour.jp
Map → ③-F-3

9 NOKISHITA711
노키시타711
시조카와라마치

레볼루션 북스의 1층에 있는 칵테일 바. 이름은 '노키시타 세븐일레븐'이라고 발음한다. 진gin을 베이스로 한 칵테일을 주로 만든다. 실내를 가득 채운 갈색 톤의 드라이플라워와 재즈힙합의 선율. 미스 글로리아, 미드 서머 나이트 탱고, 서머 누드 등 칵테일 이름은 시의 한 구절마냥 감미롭다. 길 위에서 만나는 사랑은 믿지 않지만 노키시타711에서만큼은 용서가 될 것 같다. 홈페이지에 노키시타711만의 칵테일에 대한 설명이 영어로 자세히 나와 있다.

🏠 京都市下京区船頭町235
📍 35.0024, 135.76998 📞 075-741-6564
🕐 18:00~24:00 칵테일 ¥900~ 🌐 nokishita.net
Map → ③-F-4

10 BAR ROCKING CHAIR
바록킹체어
카와라마치붓코지

바록킹체어에선 메뉴판이 필요 없다. 오로지 나를 위한 단 한 잔의 칵테일이 기다리고 있을 뿐. 오래된 목조 가옥을 개조한 실내는 긴 시간을 품고 고풍스런 분위기를 자아낸다. 칵테일 만드는 모습을 가까이서 볼 수 있는 카운터도 좋지만 안쪽 정원 앞에 놓인 흔들의자도 좋다. 바텐더와 자연스럽게 이야기를 나누며 칵테일을 마시고 싶다는 어른의 로망이 현실이 되는 공간이다. 영어가 유창한 바텐더도 있으니 일본어를 못해도 주저 말고 나만의 칵테일을 주문해보길. 절대 후회하지 않을 것이다.

🏠 京都市下京区御幸町通仏光寺下る橘町434-2
📍 35.00095, 135.76642
📞 075-496-8679 🕐 17:00~26:00 화 휴무 🌐 bar-rockingchair.jp
Map → ③-E-4

11 SPRING VALLEY BREWERY KYOTO
스프링 밸리 브루어리 교토
시조카와라마치

일본 대표 맥주 브랜드인 키린キリン에서 운영하는 수제 맥주 전문점. 시조카와라마치 한복판에 지어진 지 백 년 된 전통 가옥을 개조해 만들었다. 입구로 들어서면 엄청난 규모의 양조 시설에 먼저 눈이 간다. 항상 주문할 수 있는 시그니처 맥주와 더불어 지역, 시기에 따른 다양한 한정 맥주도 마실 수 있다. 시그니처 맥주 6종과 잘 어울리는 안주가 함께 나오는 페어링 세트가 가장 인기가 많다.

🏠 京都市中京区富小路通錦小路上る高宮町587-2 📍 35.00542, 135.76472
📞 075-231-4960 🕐 11:00~23:00(마지막 주문 22:00) 페어링 세트 ¥2,300
🌐 www.springvalleybrewery.jp Map → ③-E-3

[SPECIAL]

살랑살랑, 벚꽃의 교토

1
라쿠토, 교토의 동쪽

[SPECIAL]

게이코와 마이코

2
라쿠사이, 교토의 서쪽

3
라쿠추, 교토의 중심

4
라쿠난, 교토의 남쪽

5
라쿠호쿠, 교토의 북쪽

[THEME]

정원으로 보는 교토

[THEME]

안도 타다오 IN 교토

[THEME]

교토에서 자전거 이용하기

[THEME]

교토에서 온천 이용하기

SPOTS TO GO TO

교토는 이제 더 이상 일본의 수도가 아니다. 과거의 찬란했던 시간은 이미
색이 바랬을지 모르지만 그럼에도 불구하고 교토의 시간은 여전히 우아하게 흘러간다.
그 시간의 흐름에 몸을 맡긴 채 느릿느릿 걸으며 교토를 느껴보자.

桜ヒラヒラ、京都

살랑살랑, 벚꽃의 교토

도시 생활자에게 계절의 변화란 곧 기온의 변화나 다름없다. 하지만 교토에선 다르다. 일본에서 다섯 손가락 안에 드는 대도시인데도 계절이 변할 때마다 선명하게 다른 색을 보여준다. 꽃천지의 봄, 신록의 여름, 단풍의 가을, 설경의 겨울. 계절마다 차고 넘침 없이 아름다운 교토지만 가장 아름다운 계절을 꼽으라면 역시나 봄이다. '아, 이 나무 벚나무였지!'라며 골목 곳곳이 익숙한 현지인마저 한 번 더 돌아보게 만드는 교토의 봄은 막 세수를 하고 나온 아이의 얼굴처럼 맑고 해사하다.

洛東 동쪽

01 哲学の道 철학의 길

교토 대표 벚꽃 명소. 잔잔한 개천 양옆으로 1㎞ 넘게 벚꽃길이 이어진다. 걷다 지치면 쉬어 갈 수 있는 벤치나 카페도 많고 중간에 다른 명소로 빠져나갈 수도 있다. 하지만 화사한 벚꽃을 보며 걷다 보면 어느 순간 길 끝에 서 있게 될 것이다. (p.077)

02 蹴上インクライン 케아게 인클라인

비와 호수에서 교토로 물을 끌어오던 물길이 끊기지 않도록 배를 열차에 실어 운반할 때 사용한 철길. 지금은 철길 양옆으로 90그루의 소메이요시노가 봄마다 풍성하게 꽃을 피운다. 위치가 조금 외져서 찾아가기 번거롭지만 난젠지와 가까워 함께 둘러보기 좋다.

ⓐ 京都市左京区粟田口山下町~南禅寺草川町 지하철 케아게 역에서 도보 3분 Map → ①-D-2

> TIP
>
> **교토 벚꽃 여행 전 알아두면 좋은 몇 가지**
> 01 벚꽃이 만개하는 시기는 매년 조금씩 차이가 있지만 보통 3월 말~4월 초.
> 02 만개의 기준이 되는 품종은 소메이요시노. 급한 기온 변화가 없다면 개화부터 만개까지 약 일주일 정도.
> 03 벚꽃 시즌엔 외국인 여행자뿐만 아니라 일본인 여행자도 벚꽃을 보러 교토에 온다. 항공권보다 숙소를 먼저 확보하는 게 중요하다. 아무리 늦어도 3개월 전에는 숙소 예약을 해두자.

03 平安神宮神苑 헤이안 신궁 신엔

헤이안 신궁을 둘러싼 넓이 약 3만3000㎡(약 1천 평)의 지천회유식 정원. 조경의 대가인 오가와 지헤이 등이 설계했다. 어느 계절에 방문해도 단정하게 잘 가꿔진 모습을 볼 수 있지만 시다레자쿠라가 피는 봄에 가장 아름답다. (p.077)

京都市左京区岡崎西天王町97 시 버스 5 오카자키코엔비주츠칸헤이안진구마에 정류장 3/1~14 08:30~17:00, 3/15~9월 08:30~17:30, 10월 08:30~17:00, 11~2월 08:30~16:30 ￥600

04 円山公園 마루야마 공원

교토 시민들이 가장 사랑하는 벚꽃 명소. 3월 말~4월 초에는 포장마차와 테이블이 공원을 가득 메운다. 수령 90년에 가까운 거대한 시다레자쿠라인 '기온 시다레祇園しだれ'가 공원 한복판에서 압도적 존재감을 드러낸다. 특히 밤에는 모닥불과 함께 몽환적인 분위기를 만들어낸다. 공원 곳곳에 소메이요시노와 야에자쿠라도 많이 심겨 있다.

京都市東山区円山町 시 버스 기온 정류장에서 도보 1분 Map → ①-D-3

05 高台寺 코다이지

코다이지는 단풍 명소로 잘 알려져 있지만 카레산스이 정원 한쪽 구석에 고고하게 서 있는 커다란 시다레자쿠라가 너무도 '교토스러운' 풍경을 만들어내기 때문에 봄에도 많은 이들이 찾는다. 누구도 정원 안쪽으로 들어갈 수 없기에 북적북적한 경내와는 완전히 다른 세상이 펼쳐진다. (p.071)

京都市東山区高台寺下河原町526 시 버스 히가시야마야스이 정류장 09:00~17:30 ￥600

06 祇園白川 기온 시라카와

기온 지역 중 시조도리의 북쪽, 졸졸 좁은 개천이 흘러가며 옛 건물과 어울려 색다른 운치를 자아내는 지역이다. 일본인, 외국인 가릴 것 없이 교토에서 가장 인기 있는 결혼사진 촬영지이기도 하다. 소메이요시노와 시다레자쿠라가 다정하게 피어있다. (p.074)

京都市東山区の白川南通沿い 케이한 본선 기온시조 역에서 도보 5분 Map → ①-D-3

洛西 서쪽

07 妙心寺 退蔵院 묘신지 타이조인

시내 중심에서 아라시야마로 가는 길목에 교토에서도 규모가 상당히 큰 사찰인 임제종 대본산臨済宗大本山 묘신지가 있다. 타이조인은 묘신지에 속해있는 암자 중 하나. 단정하고 소박한 방장 정원을 지나면 압도적으로 화려한 짙은 분홍색의 시다레자쿠라를 만날 수 있다. 2018년 태풍의 피해를 상대적으로 덜 받은 편이라 꽃이 풍성하다.

⌂ 京都市右京区花園妙心寺町35 시 버스 91 묘신지마에妙心寺前 정류장, 10 묘신지키타몬마에妙心寺北門前 정류장에서 도보 5분
⏱ 09:00-17:00 ₩600 Map → ④-C-2

08 法金剛院 호콘고인

일부러 찾아가기엔 교통이 조금 불편하지만 묘신지와 가까워 묶어서 보면 좋다. 그다지 넓지 않은 경내에 소메이요시노와 시다레자쿠라가 조화롭게 피어있다.

⌂ 京都市右京区花園扇野町49
시 버스 91, 93 하나조노기노초 花園扇野町 정류장에서 도보 3분
⏱ 09:00-16:00 ₩500 Map → ④-C-2

09 仁和寺 닌나지

교토 시내에서 가장 늦게 벚꽃이 피는 닌나지. 경내에 소메이요시노 등 다른 품종의 벚꽃도 있지만 닌나지를 대표하는 품종은 특별히 오무로자쿠리御室桜라고 불린다. 소메이요시노보다 일주일~열흘 정도 늦게 핀다. *(p.081)*

⌂ 京都市右京区御室大内33
시 버스 10, 26, 59 오무로닌나지 정류장에서 도보 1분,
란덴 키타노선 오무로닌나지 역에서 도보 3분
⏱ 09:00-17:00 ₩500

10 嵐電 桜のトンネル 란덴 사쿠라 터널

시내에서 아라시야마로 갈 때 타게 되는 귀여운 노면전차인 란덴. 버스나 일반 열차와 다르게 존재 자체만으로도 낭만적인 란덴이 봄에는 더욱더 낭만적인 교통수단이 되는 이유가 바로 우타노 역宇多野駅과 나루타키 역鳴滝駅을 오가는 철로 양옆으로 흐드러지게 피어있는 벚꽃이 만들어내는 터널 덕분이다. 나루타키 역에서 가까운 건널목에서 사진을 찍을 수 있는데 많은 사람이 몰리기 때문에 안전에 주의해야 한다.

⌂ 35.0253, 135.70724 Map → ④-B-2

벚꽃 품종 뭐가 있을까?

소메이요시노 ソメイヨシノ
우리말로는 왕벚나무, 일본 전국 어디를 가든 가장 많이 볼 수 있는 있으며 우리에게도 가장 익숙한 품종이다. 노란색이 섞이지 않은 깨끗한 흰색으로 보일 정도로 옅은 분홍색을 띤다.

시다레자쿠라 しだれ桜
우리말로 수양 벚나무라고 한다. 이름 그대로 수양버들처럼 아래로 늘어진 가지에 꽃이 달려 있다. 꽃의 색은 소메이요시노보다 훨씬 더 진한 분홍색. 자주색에 가까운 분홍색을 띠기도 한다. 개화 시기는 소메이요시노보다 일주일 정도 빠른 편이다. 교토부를 상징하는 꽃으로 지정되어 있고 신사나 사찰엔 몇 십, 몇 백 년이 넘는 시다레자쿠라도 많다.

야에자쿠라 八重桜
우리말로 겹벚(꽃) 나무라고 한다. 소메이요시노보다 일주일 정도 늦게 개화한다. 야에자쿠라는 하나의 품종이 아니라 꽃잎이 장미처럼 풍성하게 달리는 벚꽃을 모두 가리키는 말이다. 다양한 색의 꽃이 있지만 교토 시내에서 가장 흔하게 볼 수 있는 품종은 짙은 분홍색을 띤다.

洛南 남쪽

11 東寺 토지
풍성한 시다레자쿠라와 거대한 오중탑이 만들어내는 풍경이 압도적인 토지. 토지 경내의 벚꽃은 교토 시내의 다른 사찰의 벚꽃과 비교했을 때 비교적 빨리 피는 편에 속하며 낮에도 아름답지만 야경이 특히 아름답다. (p.089)
- 京都市南区九条町1 교토 역에서 도보 15분
- 야간 특별 공개 18:30~21:30 ￥500

洛中 중심

12 平野神社 히라노 신사
교토에서 가장 소박하면서 흥겨운 분위기의 벚꽃 명소. 벚꽃 시즌이 되면 그다지 넓지 않은 경내는 포장마차와 사람들로 북적인다. 전형적인 '일본의 벚꽃놀이'를 볼 수 있다.
- 京都市北区平野宮本町1
- 시 버스 15, 50, 204, 205 키누가사코마에衣笠校前 정류장에서 도보 3분
- Map→②-A-1

13 頂法寺 六角堂 초호지 롯카쿠도
본당이 육각형 모양이라 '롯카쿠도'란 별칭으로 더 잘 알려진 초호지. 교토 시내 최대 번화가 한복판에 있어 오가며 들르기 좋다. 우아한 시다레자쿠라의 봄이 지나면 싱그러운 수양버들이 그 자리를 대신한다. 어느 계절에 방문해도 도심 속 오아시스 같은 공간.
- 京都市中京区六角通東洞院西入堂之前町 06:00~17:00 Map→③-D-2

14 鴨川と高瀬川 카모강과 타카세강
교토 시내를 흐르는 많은 물길 중 현지인, 여행자 모두에게 단연 친숙한 카모강과 타카세강. 카모강변에선 시다레자쿠라 아래에서 유유자적 봄 소풍을 즐길 수 있다. 타카세강은 규모 자체는 카모강보다 작지만 풍성한 소메이요시노가 만들어낸 풍경이 낮이나 밤이나 화사하다. (p.085)

15 京都府庁旧本館 교토부청 구본관
1904년 지어져 1971년까지 교토부의 청사로 사용된 교토부청 구본관. 국가 중요문화재로 지정되어 있다. 옅은 노란 벽의 본관 건물을 통과하면 만나는 중정 한복판에 시다레자쿠라가 있다. 마루야마 공원에 최초로 심어졌던 시다레자쿠라의 손자에 해당하는 벚꽃으로 2018년 태풍의 영향으로 그 풍성함이 많이 줄어든 상태.
- 京都市上京区下立売通新町西入ル薮ノ内町
- 시 버스 10, 93, 202, 204 후추마에府庁前 정류장에서 도보 5분
- 화~금, 홀수 번째 토요일 10:00~17:00 Map→②-B-2

근교

16 伏見 十石舟 후시미 짓코쿠부네
후시미 짓코쿠부네는 우지강에서 발원해 후시미 시내를 휘돌아 흐르는 개천을 따라 운행하는 일종의 유람선이다. 짓코쿠부네의 선착장이 있는 곳뿐만 아니라 후시미코 공원伏見港公園을 출발점으로 개천을 따라 소메이요시노가 한가득 피어있다. 시내 한복판의 벚꽃 명소보다 덜 붐비는 편이다.
- Map→⑨-E-2

EAST - SPOTS TO GO TO

洛東
라쿠토, 교토의 동쪽

교토를 남북으로 가르는 카모강 동쪽 지역. 키요미즈데라, 긴카쿠지 등 발을 뗄 때마다 교토의 명소에 닿는다. 흔히 히가시야마東山라고도 한다. 교토에서 가장 많은 볼거리가 빽빽하게 몰려있는데다 그 볼거리들이 남북으로 길게 놓여있기 때문에 산조도리를 경계로 키요미즈데라, 기온, 오카자키와 긴카쿠지 세 지역으로 나누어 설명한다.

긴카쿠지
히가시야마 문화의 정수

기온
고즈넉한 도시의 화려한 밤

니넨자카, 산넨자카
옛 모습이 고스란히 남아있는 사랑스런 골목

키요미즈데라
명실상부, 교토의 상징

Spot Infomation

① 키요미즈데라
② 지슈 신사
③ 니넨자카, 산넨자카
④ 코다이지
⑤ 켄닌지
⑥ 산주산겐도
⑦ 교토 국립박물관
⑧ 미미즈카(귀무덤)
⑨ 기온
⑩ 야사카 신사
⑪ 치온인
⑫ 쇼렌인
⑬ 쇼군즈카 세류덴
⑭ 헤이안 신궁
⑮ 난젠지
⑯ 에이칸도
⑰ 철학의 길
⑱ 긴카쿠지

❶ 清水寺
키요미즈데라

여행자가 생각하는 교토의 모습이 고스란히 담겨있는 지역이다.
교토 역에서 키요미즈데라까지만 버스를 타고 이동하면 그 다음부터는 전부 다 걸어서 이동할 수 있다.

사랑이 이루어져요!

地主神社 지슈 신사
키요미즈데라 안에 있는 작은 신사. 그 유래가 일본 건국 이전까지 거슬러 올라갈 정도로 오래되었다. 본당 앞에 일렬로 놓인 커다란 바위 두 개는 '사랑을 점치는 돌恋占いの石'이라 불린다. 눈을 감고 끝에서 끝까지 걸어가면 사랑이 이루어진다고 한다.
🏠 jishujinja.or.jp

PLUS 왜 사찰 안에 신사가 있죠?
일본의 고유 신앙인 신도神道와 불교는 오랜 시간 공존해왔다. 이러한 현상은 신불습합이라고 하여 자연스럽게 받아들여졌는데 메이지 유신 이후 신불분리에 의해 그때부터 완전히 다른 종교로 여겨지게 됐다. 지슈 신사 역시 메이지 유신 이후 독립된 신사로 인정받게 되었다. 외국인에겐 신사나 사찰이나 비슷해 보이지만 입구에 한글 모음인 ㅠ자와 닮은 토리이가 있으면 신사. 참고로 신사는 경내만 둘러볼 경우 입장료를 받지 않는다.

Spot. ❶
清水寺
키요미즈데라

현재 교토에 남아있는 사찰 중에서도 드물게 교토가 수도가 되기 이전부터 있었던 오랜 역사를 갖고 있는 키요미즈데라. 못을 하나도 사용하지 않고 지은 본당本堂은 '키요미즈의 무대'로 잘 알려져 있다. 지금은 많은 이들이 본당을 등지고 교토 시내의 전경을 내려다보지만 원래는 본당 안쪽에 있는 본존 천수관음에게 바치는 예藝를 위한 공간이었다. 본당에서 가장 중요한 내진内陣과 내내진内々陣은 평소에는 공개하지 않는다. 본당 측면을 돌아 들어가면 오쿠노인奥の院이 나오고 여기에서 본당의 전체 모습이 가장 잘 보인다. 키요미즈란 '맑은 물'이란 뜻인데 이름의 유래가 된 오토와 폭포音羽の瀧가 오쿠노인 바로 아래에 있다.

📍 京都市東山区清水1-294 시 버스 100, 206 고조자카五条坂 정류장 혹은 시 버스 207 키요미즈미치清水道 정류장
📍 34.99485, 135.78504 ☎ 075-551-1234 ⏰ 06:00~18:00(4월 10일~8월 18:30, 야간 특별 개장 기간 21:00)
💰 고등학생 이상 ¥400 초중등학생 ¥300(야간 특별 개장 별도금) 🏠 kiyomizudera.or.jp Map → ①-E-7

TIP
현재(2019년 여름) 50년에 한번 돌아오는 본당 지붕 교체기간이라 본당 전체가 가림막에 가려진 상태로 공사 중이다. 그 말은 즉 사진이나 영상에서 보던 본당의 모습은 한동안 볼 수 없을 것이란 뜻. 특별한 문제가 없다면 공사는 2020년 경 끝날 예정이라고 한다.

NEARBY

高台寺 코다이지

코다이지 주차장은 알고 보면 교토에서 가장 아름다운 노을을 볼 수 있는 장소.

도요토미 히데요시의 정실부인 네네가 남편의 명복을 기리기 위해 1606년 만든 사찰.

📍 京都市東山区高台寺下河原町526 시 버스 80, 86, 200, 206, 207 히가시야마야스이東山安井 정류장
📍 35.00076, 135.78111 ☎ 075-561-9966
⏰ 09:00~17:30(야간 특별 개장 기간 22:00)
💰 성인 ¥600 중고생 ¥250(야간 특별 개장 별도요금)
🏠 www.kodaiji.com Map → ①-E-3

建仁寺 켄닌지

교토 최초의 선종 사원. 켄닌 2년인 1202년에 세워졌다. 국보로 지정된 타와라야 소타츠俵屋宗達의 '풍신뇌신도'를 볼 수 있다. (진품은 교토 국립박물관 소장)

📍 京都市東山区大和大路通四条下る小松町 시 버스 80, 86, 200, 206, 207 히가시야마야스이東山安井 정류장
📍 35.00072, 135.77382 ☎ 075-561-6363
⏰ 10:00~17:00(11월~2월 16:30)
💰 성인 ¥500 중고생 ¥300 🏠 kenninji.jp
Map → ①-E-3

EAST - SPOTS TO GO 키요미즈데라

Spot. ②
二年坂, 三年坂(二寧坂, 産寧坂)
니넨자카, 산넨자카

키요미즈데라에서 코다이지, 기온까지 가는 길목. 옛 모습을 그대로 간직한 좁은 골목 양 옆으로 기념품점, 카페, 음식점 등이 옹기종기 모여 있다. 니넨자카, 산넨자카란 이름에는 몇 가지 설이 있다. 일본어로 2년, 3년을 '니넨', '산넨'으로 발음하는데 각각 다이도 2년(일본의 연호, 807년)과 3년에 만들어졌기 때문이라는 설이 첫 번째. '니넨자카나 산넨자카에서 넘어지면 2년, 3년 안에 죽는다'는 무서운 이야기는 언덕을 오를 때 한 번 더 조심하라는 경고의 의미를 담고 있다. 또 키요미즈데라로 평안한(寧) 출산(産)을 기원하러 가는 길목에 있다고 해서 산넨자카라고 이름 붙여졌다는 설도 있다.
Map → ①-E-3

시간이 있다면 여기도!

三十三間堂 산주산겐도

본당은 현재 일본에 남아있는 가장 긴 목조건물로 그 길이가 120m에 이른다

정식 명칭은 렌게오인蓮華王院. 본당 내부에는 가마쿠라 시대에 만들어진 천수관음좌상이 중앙에 모셔져 있고 그 양 옆으로 500개씩 총 1,001개의 천수관음상이 안치되어 있다. 그 표정이 모두 조금씩 다른데 천 개의 얼굴 중에서 보고 싶은 사람의 얼굴을 반드시 발견할 수 있다는 이야기가 전해내려 온다. 본당 내부 사진 촬영은 엄격히 금지되어 있다.

📍 京都市東山区三十三間堂廻町657 시 버스 100, 206, 208 하쿠부츠칸산주산겐도마에博物館三十三間堂前 정류장 ☎ 34.98788, 135.77171 📞 075-561-0467 ⏰ 08:00-17:00 11월 16일~3월 09:00-16:00 💴 성인 ￥600 중고생 ￥400 초등학생 이하 ￥300 🏠 sanjusangendo.jp
Map → ①-F-4

京都国立博物館 교토 국립박물관

1897년에 개관, 도쿄와 나라의 국립박물관과 함께 일본 3대 국립박물관 중 하나다. 국보 27점을 비롯해 총 1만2,000점의 유물이 전시되어 있다.

📍 京都市東山区茶屋町527 시 버스 100, 206, 208 하쿠부츠칸산주산겐도마에博物館三十三間堂前 정류장 ☎ 34.98998, 135.77311 📞 075-525-2473 ⏰ 09:30-17:00 월 휴관(공휴일인 경우 개관, 다음날 휴관) 💴 전시에 따라 달라짐 🏠 www.kyohaku.go.jp
Map → ①-F-4

耳塚 미미즈카(귀무덤)

임진왜란과 정유재란 때 일본군에게 희생당한 조선인의 코가 묻힌 곳. 관리 없이 방치되어 있어 안타까움을 자아낸다.

📍 京都市東山区茶屋町533-1 산주산겐도에서 걸어서 5분 ☎ 34.99142, 135.77032 Map → ①-F-4

먹거리 & 숍 in 키요미즈데라 주변

CAFE

❶ Starbucks Coffee 京都二寧坂ヤサカ茶屋店
스타벅스 교토 니넨자카 야사카차야점 (p.033)

니넨자카에 있는 백 년 된 전통가옥을 개조해 2017년 6월 문을 연 스타벅스.

CAFE

❷ % ARABICA Kyoto 東山
아라비카 교토 히가시야마 (p.029)

'See the world through coffee'를 테마로 교토에서 시작해 전 세계로 뻗어나가고 있는 커피스탠드.

CAFE

❸ 市川屋珈琲
이치카와야코히 (p.033)

2백 년 된 목조 가옥은 본래 도예공방. 대표 원두인 이치카와야 블렌드는 무겁지 않아 매일 마셔도 질리지 않는다.

CAFE

❹ Dongree コーヒースタンドと暮しの道具店
돈그리 (p.029)

교토에 있는 로스터 다섯 군데의 원두를 조금씩 비교해가며 마실 수 있는 '교토 5개의 점포 테이스팅 세트'가 인기.

SOUVENIR

❼ 京東都 本店
쿄토토 본점 (p.110)

일본의 전통 자수제품을 만날 수 있다. 하루 종일 여행자의 발길이 끊이지 않는 장소

SOUVENIR

❽ 裏具
우라구 본점 (p.111)

우라구라는 이름은 '기분이 좋아지다'라는 뜻. 작은 크기의 메모장인 마메모와 종이 제품, 도자기 등을 판매한다.

모든 제품은 우라구 오리지널 디자인

PLUS 도예가가 추구한 일상 속 아름다움을 찾아

河井寬次郎記念館
카와이 칸지로 기념관

키요미즈데라로 향하는 언덕길의 소란이 시작되기 직전 태풍의 눈처럼 고요한 주택가 한 구석에 자리한 카와이 칸지로 기념관. 도예가 카와이 칸지로가 1937년에 직접 설계한 자택이자 공방을 그대로 공개했다. 도자기를 비롯한 소품, 가구, 정원과 도자기를 굽던 가마까지, 집안 구석구석에서 카와이 칸지로의 미의식을 느낄 수 있다. 그는 도예뿐만 아니라 조각, 제품 디자인 등에도 재능이 있었고 일상의 평범한 생활용품에서 아름다움을 찾아내는 민예운동의 한축을 담당하기도 했다.

🏠 京都市東山区五条坂鐘鋳町569
📍 34.99356, 135.77437 ☎ 075-561-3585
🕐 10:00~17:00(마지막 입장 16:30) 월 휴무(공휴일인 경우 개관, 다음날 휴관) 하계, 동계휴관
🎫 입장료 성인 ¥900 고등학생, 대학생 ¥500 초등학생, 중학생 ¥300 🏠 kanjiro.jp Map → ①-F-3

EAST - SPOTS TO GO TO ● 기온

❷ 祇園
기온

동쪽으로는 야사카 신사, 서쪽으로는 카모강, 남쪽으로는 켄닌지, 북쪽으로는 신바시도리新橋通를 경계로 하는 지역. 야사카 신사의 옛 이름인 기온사에서 지명이 유래했고 야사카 신사에 참배 오는 사람들을 대상으로 하는 찻집이 생기면서 번성했다. 해가 질 즈음 운이 좋으면 출근하는 진짜 게이코, 마이코를 볼 수 있기도 하다. 예나 지금이나 교토 최고의 환락가.

먹거리 in 기온

MEAL

❶ 天周 텐슈 (p.052)
고슬고슬하게 잘 지은 흰쌀밥에 붕장어 튀김을 한입 베어 물면 튀김이 이토록 고소할 수도 있다는 사실에 깜짝 놀랄지도.

SUSHI

❷ いづ重 이즈주 (p.057)
백 년 이상 교토 사람들의 사랑을 받아온 초밥집. 대표 메뉴는 고등어 초밥인 사바즈시鯖ずし.

DESSERT

❺ 祇園きなな本店 기온키나나 본점 (p.043)
아이스크림 전문점. 콩가루로 만든 지극히 교토다운 아이스크림을 맛 볼 수 있다.

TAMAGO SANDO

❹ やまもと喫茶 야마모토 킷사 (p.041)
타마고 산도 모닝 세트를 먹은 후 아직 잠에서 깨지 않은 기온 거리를 산책하는 일은 교토에서 가장 애틋한 시간.

DESSERT

❻ ZEN CAFE 젠 카페 (p.043)
280년 이상의 역사를 가진 와가시 전문점 카키젠요시후사鍵善良房에서 만든 카페.

CHOCOLATE

❾ 加加阿365祇園店 카카오365 기온점 (p.045)
'카카오가 있는 생활'을 제안하며 교토를 대표하는 양과자점 마르브랑슈マールブランシュ에서 2014년에 문을 연 초콜릿 전문점.

Spot. 1
八坂神社
야사카 신사

교토사람들에게 '기온상'이라는 별명으로 불리는 야사카 신사. 그만큼 그들에게 친숙하고 가까운 곳이다. 656년 고구려에서 온 사절인 이리지가 신라 우두산에 있는 신을 모시고 가 제사를 지낸 게 시초라고 한다. 1월에는 1백만 명이 새해 첫 참배로 야사카 신사를 찾고 7월에는 기온 마츠리의 주 무대가 된다. 천 년 넘게 기온사로 불리다가 1868년 지금의 이름이 됐다.

京都市東山区祇園町北側625 시 버스 31, 46, 80, 100, 110, 201, 202, 203, 206 기온祇園 정류장
35.00365, 135.77855 075-561-6155
24시간 무료 yasaka-jinja.or.jp
Map → ① - D - 3

NEARBY

二軒茶屋 니켄차야 (p.047)
야사카 신사의 이시토리이 안쪽에 있는 찻집. 역사가 무려 480년에 이른다. 옛날 레시피 그대로 덴가쿠토후를 판매한다.

Spot. 2
知恩院
치온인

정토종의 총본산. 일본 정토종을 개종한 승려 호넨法然이 살던 암자가 있던 자리에 세워졌다. 입구인 산몬山門은 현재 일본에 남아 있는 산몬 중 그 규모가 제일 크다. 내부 역시 상당히 넓은 편이라 제대로 둘러보려면 1시간 이상 걸린다. 국보이자 가장 큰 볼거리인 미에이도御影堂는 현재 복구 중으로 내부엔 들어갈 수 없지만 거대한 외관만으로도 그 압도적 존재감을 드러낸다.

京都市東山区林下町400 시 버스 12, 31, 46, 201, 202, 203, 206 치온인마에知恩院前 정류장
35.00541, 135.78237 075-531-2111
09:00-16:30 chion-in.or.jp Map → ① - D - 2

	유젠엔	방장 정원	공통권
고등학생 이상	￥300	￥400	￥500
초중등학생	￥150	￥200	￥250

Spot. 3
青蓮院
쇼렌인

왕실, 귀족 가문이 직접 관리하는 사찰을 몬제키門跡라고 하는데 쇼렌인도 그 중 하나. 키요미즈데라에서부터 히가시야마의 사찰, 신사를 구경하며 북쪽으로 올라왔다면 딱 중간쯤 되는 위치에 있다. 입구에 있는 녹나무는 자그마치 수령 8백 년. 경내에는 '부동명왕 중 부동명왕'이라는 청부동명왕을 그린 국보 '청부동명왕이동자상靑不動明王二童子像'이 있다. 쇼렌인의 야간 특별 개장은 교토의 다른 곳에서는 볼 수 없는 독특한 파란색 조명으로 유명하다.

京都市東山区粟田口三条坊町 시 버스 5, 46, 100 진구미치神宮道 정류장
35.00731, 135.78316 075-561-2345
09:00-17:00(야간 특별 개장 기간 22:00)
성인 ￥500 중고생 ￥400 초등학생 ￥200(야간 특별 개장 별도요금)
shorenin.com Map → ① - D - 2

교토 최고의 전망 포인트, 하나

将軍塚 青龍殿 쇼군즈카 세류덴

교토의 중심인 시조도리의 바로 위에 해당하는 이곳에 올라 교토 분지를 내려다본 간무 일왕이 천도를 결정했다는 일화가 남아있는 유서 깊은 장소다. 천도가 결정된 후에 새 도읍을 수호하는 의미를 담아 완전무장을 한 장수의 상을 만들어 이곳에 묻었고 장군의 무덤이란 뜻의 쇼군즈카라는 지명은 여기서 유래했다. 세류덴은 쇼렌인의 부속 건물이다. 그전까지 나라 국립박물관에서 보관하던 '청부동명왕이동자상'을 2014년 10월 세류덴 완공에 맞춰 옮겨와 안치했다. 세류덴 뒤편으로 넓게 펼쳐진 대무대大舞台에선 교토 시내가 한눈에 들어오고 날씨가 좋으면 오사카의 빌딩숲까지 보인다.

京都市山科区厨子奥花鳥町28 케이한 전철 산조 역 앞 C1 버스 정류장에서 케이한 버스 70번 버스 탑승, 쇼군즈카 세류덴 정류장 하차, 70번 버스는 평소에는 주말, 공휴일만 운행하며 단풍 시즌인 11월, 5월 황금연휴에는 매일 운행. 요금은 편도 230엔 35.00268, 135.78744
09:00-17:00 성인 ￥500 고등학생 ￥400 중학생 ￥300 초등학생 ￥200 shogunzuka.com Map → ① - D - 2

EAST - SPOTS TO GO TO ● 오카자키와 긴카쿠지

③ 岡崎 銀閣寺
오카자키와 긴카쿠지

헤이안 신궁이 있는 오카자키 지역은 교토 국립 현대미술관과 공립 도서관, 동물원 등이 모여 있어 교토 사람들도 주말이면 가족 단위로 많이 방문하는 곳이다. 오카자키에서 동북쪽으로 가면 긴가쿠지가 나오고 중간 중간 아름다운 산책로와 사찰 등 볼거리가 많다.

Spot. ① 銀閣寺
긴카쿠지

정식 명칭은 지쇼지慈照寺. 무로마치 막부의 8대 쇼군 아시카가 요시마사足利義政가 세운 산장이 그 기원이다. 긴카쿠지는 요시마사의 생애를 관통하는 미의식의 결정체라고 할 수 있다. 완공까지 8년이 걸렸고 요시마사는 관음전 觀音殿(긴카쿠)의 완공을 보지 못한 채 세상을 떠나고 만다. 요시마사 사후 그의 유언에 따라 선종 사찰이 되었다. 원래 관음전은 킨카쿠지에서 영향을 받아 은으로 씌울 예정이었으나 막부의 재정난으로 인해 수수한 검은색 옻칠로 마무리했다. 입구로 들어가면 흰 모래를 과감하게 사용한 긴사단銀沙灘과 코게츠다이向月台가 눈에 들어오고 그 너머에 있는 누각이 바로 관음전이다. 긴사단 북서쪽에는 요시마사의 서재인 토큐도東求堂가 있다. 토큐도 앞쪽 연못을 돌아 걷다보면 경내의 모습과 교토 시내가 내려다보이는 전망대에 닿는다. 긴카쿠지 북쪽으로는 다이몬지야마로 올라가는 하이킹 코스가 있다.

🏠 京都市左京区銀閣寺町2 시 버스 5, 17, 102, 203, 204 긴카쿠지미치銀閣寺道 정류장
📍 35.02715, 135.79786 📞 075-771-5725 🕗 08:30-17:00(2월~2월 09:00-16:30)
💰 고등학생 이상 ¥500 초중등학생 ¥300 🏠 shokoku-ji.jp
Map … ①-A-1

Spot. ② 平安神宮
헤이안 신궁

교토 천도 1,100주년을 기념하며 1895년에 세워졌다. 막부 말의 전란으로 인한 물질적 피해와 도쿄 천도에 따른 정신적 충격으로 그 당시 교토는 쇠퇴 일로였다. 이에 교토에 사는 사람뿐만 아니라 교토를 아끼는 일본인이 한마음으로 교토 부흥을 위해 노력했고 그 결실 중 하나가 바로 헤이안 신궁이다. 신궁으로 향하는 길에 있는 높이 24m의 거대한 붉은 토리이는 헤이안 신궁이 있는 오카자키 지역의 상징, 신궁을 둘러싼 3만3,000㎡의 드넓은 신엔神苑은 벚꽃이 피는 봄에 특히 아름답다.

⊙ 京都市左京区岡崎西天王町97 시 버스 5 오카자키코엔비주츠칸헤이안진구마에岡崎公園美術館平安神宮前 정류장 혹은 시 버스 32, 46 오카자키코엔로무사야타코미야코멧세마에岡崎公園ロームシアター京都みやこメッセ前 정류장
☎ 35.01598, 135.78242 ☎ 075-761-0221
⊙ 경내 06:00~18:00 / 신엔 08:30~17:00(3월 15일~9월 17:30 11월~2월 16:30)
⊙ 경내 무료 신엔 성인 ¥600
🏠 heianjingu.or.jp
Map → ①-C-3

시간이 있다면 여기도!

南禅寺 난젠지

난젠지는 일본 왕실에서 세운 최초의 선종 사찰로 임제종 난젠지파의 본산. 경내에 있는 붉은 벽돌로 만든 수로각이 오래된 사찰과 어울려 독특한 분위기를 만들어낸다.

⊙ 京都市左京区南禅寺福地町 시 버스 5 난젠지에이칸도미치南禅寺永観堂道 정류장
☎ 35.01137, 135.79376 ☎ 075-771-0365
⊙ 08:40~17:00(12월~2월 16:30)
🏠 nanzen.net
Map → ①-C-1

	성인	고등학생	초중등학생
방장 정원	¥500	¥400	¥300
산몬	¥500	¥400	¥300
난젠인	¥300	¥250	¥1250

永観堂 에이칸도

정식 명칭은 젠린지禅林寺. 교토를 대표하는 단풍 명소로 경내에 3천 그루가 넘는 단풍나무가 있다.

⊙ 京都市左京区永観堂町48 시 버스 5 난젠지에이칸도미치南禅寺永観堂道 정류장
☎ 35.01437, 135.79541 ☎ 075-761-0077
⊙ 09:00~17:00(야간 특별 개장 기간 21:00)
⊙ 성인 ¥600 초등학생 이상 ¥400
(야간 특별 개장 별도요금) 🏠 eikando.or.jp
Map → ①-C-1

NEARBY

哲学の道 철학의 길

긴카쿠지에서부터 에이칸도 근처까지 대략 1.5km 길이의 길. 근대 일본의 철학자 니시타 키타로西田幾多郎 등이 산책하던 길이라 해서 철학의 길이란 이름이 붙었다. 벚꽃 피는 봄에 특히 아름답다. Map → ①-B-1

먹거리 in 오카자키 & 긴카쿠지

MEAL
❶ 光兎舎 코우사기샤 (p.053)
요즘 뜨고 있는 채식전문 음식점 중 하나. 1층은 갤러리 2층이 음식점이다.

요즘 뜨고 있는 채식전문 음식점

MEAL
❷ 青おにぎり 아오오니기리 (p.052)
일본식 삼각 김밥인 오니기리 전문점. 추천 메뉴는 현미밥에 소금으로만 간을 한 겐마이(180엔).

NOODLE
❸ 仁王門うね乃 니오몬우네노 (p.055)
대표 메뉴는 유부가 올라간 키츠네 우동과 소고기와 파가 듬뿍 들어간 니쿠네기 우동.

교토에서 먹은 우동 중에서 면이 가장 쫄깃

SPECIAL

꽃의 거리의 사람들, 게이코와 마이코

<게이샤의 추억>이라는 영화가 있다. 백인의 시선으로 바라본 아시아의 모습이 조금 불편할 수 있지만 영화 속 교토와 주인공 사유리의 모습은 그저 아름답기만 했던 영화. 하지만 정작 교토에는 '게이샤'가 없다. 기모노를 곱게 차려입고 옛 풍경이 고스란히 남아있는 거리를 종종걸음으로 걸어가는 그들은 게이샤芸者가 아닌 게이코芸妓와 마이코舞妓다.

그렇다면 게이샤와 게이코, 마이코는 어떻게 다를까? 우선 게이샤와 게이코는 용어만 다를 뿐 하는 일은 같다. 다만 교토에선 게이샤라는 단어를 사용하지 않지 않을 뿐이다. 마이코는 교토에만 있는 독특한 존재. 중학교 졸업 후 춤, 노래, 악기 등을 배우며 예藝를 몸에 익히는 수련생이다. 정규직인 게이코가 되기 위해 고군분투하는 인턴 사원이 바로 마이코라고 할까. 몇 년 동안의 수련을 거친 후 그 실력을 인정받아 '한 사람 몫'을 해내는 게이코가 되는데 프로의 세계는 만만치 않기 때문에 게이코가 되지 못하고 그만두는 사람도 많다고 한다.

사실 평범한 여행자가 길에서 스쳐 지나간 여인을 보고 그 사람이 게이코인지 마이코인지를 구분하기란 불가능하다. 그래도 외관을 주의 깊게 살펴보면 그 둘의 차이를 알 수 있다. 목덜미의 깃이나 헤어스타일 등이 조금씩 다른데 가장 눈에 띄는 차이는 기모노의 허리 부분을 여미는 띠인 오비帶를 묶는 방법. 마이코는 오비를 뒤로 길게 늘어뜨리는 반면, 게이코는 오비를 짧게 정리해 허리에 딱 붙인다. 뒤로 늘어뜨린 마이코의 오비 끝에는 본인이 소속된 가게의 문장이 새겨져 있다. 예전엔 마이코로 데뷔하는 나이가 지금보다 훨씬 어려서 12살 쯤 데뷔하는 경우도 왕왕 있었다고 한다. 일을 마친 후 교토의 어두운 골목에서 미아가 된 마이코. 그럴 때 오비에 새겨진 문장이 그의 신분증 역할을 해 어른의 도움을 받아 무사히 퇴근(?)할 수 있었다고. 몇 년간의 수련 기간이 말해주듯 게이코와 마이코는 단순히 술자리에서 흥을 돋아주는 사람이 아니다. 춤, 노래, 복식 등 일본의 전통을 온몸으로 계승하는 존재들이라고 할 수 있다.

작가가 직접 체험!!

기모노 체험

조금 과장해서 말하면 최근 키요미즈데라나 후시미이나리타이샤 근처엔 일상복을 입은 사람보다 기모노를 입은 사람이 더 많이 보일 정도다. 그들 중 대부분은 기모노를 빌려 입고 기분을 내는 여행자들. 그 수요를 감당하기 위해 교토엔 수 십 군데의 기모노 대여점이 성업 중이다. 그 중에서도 추천하는 곳은 지하철 고조 역 근처의 유메야카타. 가장 큰 장점은 예약부터 기모노 착용과 반납까지 한국어로 진행이 가능하다는 점이다. 기모노와 유카타(5월~9월) 대여 코스에는 기본 코스 외에 웨딩 코스, 기온 거리 산책 사진 촬영 코스 등 여러 가지가 있는데 기본 코스를 선택해도 부족함 없는 서비스를 받을 수 있다. 단순히 기모노를 빌려주는 것을 넘어서 오리지널 디자인 포함 5백 종이 넘는 기모노와 다양한 액세서리를 준비해놓았고 착용은 기모노 전문가가 도와준다. 홈페이지에 대여 절차가 자세하게 나와 있고 추가로 선택할 수 있는 헤어 세팅이나 메이크업 사진도 볼 수 있다. 2017년 7월 문을 연 오이케점은 전통가옥인 마치야를 개조해서 만들어 웬만한 스튜디오 못지않은 멋진 사진을 남길 수 있다.

기모노 대여점 중 추천하는 곳은 지하철 고조 역 근처의 유메야카타. 가장 큰 장점은 예약부터 기모노 착용과 반납까지 한국어로 진행이 가능하다는 점이다.

京都着物レンタル夢館 유메야카타 본관
- 京都市下京区万寿寺町128
- 34.99649, 135.7615 ☎ 075-354-8515
- 10:00~19:30 12월 31일 ~ 1월 3일 휴무
- kr-kyoto.yumeyakata.com

京都着物レンタル夢館 御池別邸 유메야카타 오이케점
- 京都市中京区金吹町472-1
- 35.01301, 135.75864 ☎ 075-254-8920
- 10:00~19:30 12월 31일 ~ 1월 3일 휴무
- kr-kyotooike.yumeyakata.com

Tripful

SPOTS TO GO TO SPECIAL

게이코와 마이코를 만나고 싶어요!

특별한 자리에 참여하지 않는 이상 게이코, 마이코를 가까이서 보기는 쉽지 않다. 그들은 낮에는 옷을 다 차려입고 돌아다니지 않는다. 만약 어스름이 내린 시간이 아니라 낮에 게이코, 마이코를 만났다면 체험 프로그램에 참가하는 여행자일 확률이 높다. 그런 게이코, 마이코가 일제히 거리로 나오는 날이 1년에 딱 하루 있다. 바로 8월 1일의 핫사쿠八朔. 현재 교토에는 기온코부祇園甲部, 기온히가시祇園東, 미야가와초宮川町, 폰토초先斗町, 카미시치켄上七軒 등 다섯 군데의 '꽃의 거리花街'가 있다. 그 다섯 군데에서 8월 1일 아침 10시부터 전오 무렵까지 게이코, 마이코가 완벽하게 정장을 갖추고 평소에 신세를 졌던 가게를 돌아다니며 인사를 드린다. 그들이 가는 길을 방해하지 않는다면 눈치 보지 않고 사진을 찍어도 되는 날이지만 워낙 많은 사람이 이날을 노리고 있기 때문에 무리한 사진촬영은 삼가는 편이 좋다.

芸子 舞妓 게이코와 마이코

몇 년간의 수련 기간이 말해주듯 게이코와 마이코는 단순히 술자리에서 흥을 돋우주는 사람이 아니다. 춤, 노래, 복식 등 일본의 전통을 온몸으로 계승하는 존재들이라고 할 수 있다

사 진 '간사이 관광본부' 사진작가 김경우 제공

079

WEST - SPOTS TO GO TO

洛西
라쿠사이, 교토의 서쪽

남북으로 뻗어있는 니시오지도리의 서쪽 지역. 중심에서 살짝 벗어나 있어 교통이 불편하지만 킨카쿠지, 료안지, 닌나지 등 서로 다른 매력을 가진 사찰이 조르르 붙어 있어 먼 발걸음을 한 보람이 느껴진다. 아라시야마는 오래전부터 귀족의 휴양지로 사랑을 받아왔다. 시원스레 흐르는 카츠라강과 계절마다 색을 달리하는 낮은 산을 보고 있자면 옛 사람의 심미안에 절로 고개를 끄덕이게 될 것이다.

킨카쿠지
눈부시게 화려한 금빛 누각

치쿠린
아라시야마의 상징 대나무 숲

텐류지
고요한 호수에 비추는 마음

아라시야마
교토사람들의 주말 관광지

Spot Infomation

①킨카쿠지
②료안지
③닌나지
④다이카쿠지
⑤기오지
⑥노노미야 신사
⑦치쿠린
⑧텐류지
⑨토게츠쿄
⑩카츠라리큐

NEARBY

仁和寺 닌나지

우다 일왕이 897년 양위 후 출가, 왕족으로는 첫 번째 주지가 되며 메이지 시대 이전까지 왕족이 대대로 주지를 맡아왔다. 그 영향으로 수많은 왕족, 귀족의 출가를 받아들여 크게 번성했다. 교토에서 벚꽃이 가장 늦게 피는 곳으로도 잘 알려져 있다.

京都市右京区御室大内33 시 버스 10, 26, 59 오무로닌나지御室仁和寺 정류장 란덴 키타노선 오무로닌나지 역
35.03109, 135.71381
075-461-1155
09:00-17:00(12월~2월 16:30)
고등학생 이상 ¥500 초중등학생 ¥300
ninnaji.or.jp Map → ④-C-2

1
洛西
라쿠사이

교토의 북서쪽 지역을 든든히 지켜주는 킨카쿠지, 료안지, 닌나지. 각각 교토에서 가장 화려한 누각, 가장 유명한 정원, 가장 늦게까지 피는 벚꽃으로 전 세계 여행자를 불러 모은다. 한편 닌나지에서 정남쪽으로 쭉 내려가면 나오는 카츠라리큐는 일본 건축과 정원의 백미로 꼽히는 명소이다.

Spot. 1
金閣寺
킨카쿠지

정식 명칭은 로쿠온지鹿苑寺. 무로마치 막부의 3대 쇼군이자 이 자리에 산장을 만들고 생을 마감할 때까지 살았던 아시카가 요시미츠足利義満의 법명에서 따왔다. 표를 사서 경내로 들어가자마자 돌연 금빛 누각이 눈앞에 나타난다. 2층과 3층이 금박으로 덮인 사리전舍利殿(킨카쿠)은 층마다 각각 다른 건축 양식을 보여준다. 교토에 있는 대부분의 사찰이 피해를 입었던 오닌의 난 중에도 무사했던 사리전이었지만 1950년 방화로 인해 소실, 1955년 재건했다. 미시마 유키오의 소설 <금각사>는 이 방화 사건을 소재로 했다. 바람이 없는 날이면 사리전 앞쪽에 있는 연못인 쿄코치鏡湖池에 이름 그대로 거울에 비치듯 아름다운 반영이 만들어진다.

京都市北区金閣寺町1 시 버스 12, 59, 101, 102, 204, 205 킨카쿠지미치金閣寺道 정류장
35.03937, 135.72924 075-461-0013
09:00-17:00
고등학생 이상 ¥400 초중등학생 ¥300
shokoku-ji.jp Map → ④-C-1

Spot. 2
龍安寺
료안지

물 없이 돌과 모래를 이용해 자연을 표현하는 카레산스이 정원으로 유명한 료안지. 오닌의 난과 1797년의 화재로 많은 건물이 소실되었지만 단지 정원 하나만을 위해 전 세계의 여행자가 료안지를 찾는다. 약 247㎡의 면적에 펼쳐진 흰 모래 위에 크고 작은 돌 15개가 동서로 놓여있는데 어떤 각도에서 봐도 15개의 돌 모두를 한 번에 볼 수 없다고 한다. '불완전하지만 있는 모습 그대로 만족하라'는 선의 정신을 구현하기 위해 만들었다는 등 여러 가지 설이 있지만 만든 사람도 만든 시기도 여전히 수수께끼인 채 남아있다.

京都市右京区龍安寺御陵下町13 시 버스 59 료안지마에龍安寺前 정류장
35.03449, 135.71826 075-463-2216
08:00-17:00 12월~2월 08:30-16:30
고등학생 이상 ¥500 초중등학생 ¥300
www.ryoanji.jp
Map → ④-C-2

PLUS 일본 건축과 정원의 진수

桂離宮 카츠라리큐

왕족 하치조노미야八条宮의 초대 친왕인 토시히토智仁와 2대 토시타다智忠 부자에 의해 지어진 별장. 1615년 만들어진 후 지금까지 단 한 번도 화재나 전란 등에 의한 피해를 입지 않아 거의 완벽하게 옛 모습이 남아있다.

京都市西京区桂御園 시 버스 33 카츠라리큐마에桂離宮前 정류장에서 걸어서 8분, 한큐 교토선 카츠라 역桂駅에서 걸어서 20분
34.98399, 135.70957
075-211-1215 무료
월, 12월 28일~1월 4일 휴무
09:00- 10:00- 11:00- 13:30- 14:30- 15:30-
sankan.kunaicho.go.jp/guide/katsura.html
예약 방법은 슈가쿠인리큐(p.091) 참고
Map → ④-B-4

WEST · SPOTS TO GO TO · 아라시야마

野宮神社 노노미야 신사

일왕을 대신해 이세 신궁을 섬기러 가는 왕녀가 이세 신궁으로 향하기 전에 몸과 마음을 정결히 하기 위해 머물렀던 노노미야 신사. 헤이안 시대의 소설 〈겐지 이야기〉에도 등장한다. 좋은 인연을 이어주고 아이를 점지해주는 신사로 알려져 있다.

📍 京都市右京区嵯峨野宮町
📍 35.01775, 135.67421
🕐 24시간 💰 무료
🌐 nonomiya.com
Map → ④-A-2

TIP

한큐 아라시야마 역

버스나 전철 등을 이용해 아라시야마까지 간 후에는 다이카쿠지 이외에 전부 도보로 이동할 수 있다.
시 버스 11, 28, 93
아라시야마嵐山 정류장,
란덴 아라시야마본선 아라시야마 역,
한큐 교토선 아라시야마 역,
JR 사가아라시야마 역 嵯峨嵐山駅

란덴 아라시야마 역

②
嵐山
아라시야마

헤이안 시대부터 귀족의 별장지로 사랑받았고 지금은 교토 사람들도 주말이면 놀러가곤 하는 관광지. 벚꽃이 피는 봄, 단풍이 드는 가을 특히 아름답다. 토게츠쿄와 란덴 아라시야마 역 사이가 가장 번화하다. 일반적으로 사가노 지역까지를 포함해 아라시야마라고 한다.

Spot. ①
竹林
치쿠린

토게츠쿄와 함께 아라시야마의 상징인 대나무 숲 치쿠린. 노노미야 신사부터 텐류지의 북문을 거쳐 오코치 산소까지 이어지는 산책로다. 맑을 때, 흐릴 때, 비가 올 때, 그리고 이른 아침이나 해가 질 때 각각 다른 얼굴을 보여주는 매력적인 장소다. 하지만 워낙에 유명한 관광지라 오전 9시만 넘어가도 전 세계에서 온 여행자로 가득 차 발 디딜 틈 없어진다. 아무도 없는 조용한 숲길을 걷고 싶다면 오전 8시 30분 이전에 방문하기를 추천한다.

📍 京都市右京区嵯峨小倉山田渕山町
📍 35.0176, 135.67435
Map → ④-A-2

Spot. 4
大覚寺
다이카쿠지

사가 일왕의 별궁을 876년 사찰로 개축했다. 가마쿠라 시대에 3명의 일왕이 이곳에서 정무를 봤기 때문에 사가 고쇼嵯峨御所라 불리기도 한다. 다이카쿠지 동쪽에 펼쳐진 오오사와 연못大沢池은 일본에서 가장 오래된 인공 연못으로 벚꽃, 연꽃, 단풍 등 계절에 따라 다른 모습을 보여주며 달맞이의 명소로도 잘 알려져 있다.

⌂ 京都市右京区嵯峨大沢町4 시 버스 28, 91 다이카쿠지大覚寺 정류장 ⊙ 35.02823, 135.67774 ☎ 075-871-0071 ⊙ 09:00-17:00 ₩ 성인 ¥500 초등학생 이상 ¥300 기오지 통합 티켓 ¥600 ♠ daikakuji.or.jp
Map → ④-A-2

Spot. 2
天龍寺
텐류지

1339년 무로마치 막부의 쇼군 아시카가 타카우지足利尊氏가 고다이고 일왕의 명복을 기리기 위해 세웠다. 몇 번의 화재로 건물 대부분이 메이지 시대부터 쇼와 시대에 걸쳐 다시 만들어졌지만 대방장과 소방장이 둘러싼 소겐치 정원曹源池庭園만큼은 무소 국사夢窓国師가 만든 7백년 전의 모습을 그대로 간직하고 있다.

⌂ 京都市右京区嵯峨天龍寺芒ノ馬場町68 ⊙ 35.01582, 135.67377 ☎ 075-881-1235 ⊙ 08:30-17:30(10월 21일~3월 20일 17:00) ₩ 정원 고등학생 이상 ¥500 초중등학생 ¥300 경내 ¥300 ♠ tenryuji.com Map → ④-A-2

Spot. 3
祇王寺
기오지

13세기에 쓰인 문학작품 <헤이케 이야기>의 등장인물의 이름을 딴 기오지. 아담한 경내 전체에 초록 융단을 깔아놓은 듯 아름다운 이끼 덕분에 '이끼의 절'이라는 별명이 있다.

⌂ 京都市右京区嵯峨鳥居本小坂町32 ⊙ 35.0234, 135.66727 ☎ 075-861-3574 ⊙ 09:00-17:00 ₩ 성인 ¥300 초등학생 이상 ¥100 다이카쿠지 통합 티켓 ¥600 ♠ giouji.or.jp
Map → ④-A-2

기오지

다이카쿠지

NEARBY
渡月橋 토게츠쿄

아라시야마의 상징과도 같은 다리. 아라시야마 중턱에 있는 호린지에 방문하기 위해 사가 일왕이 다리를 놓게 했고 지금의 다리는 1934년에 만들어진 것이다. 토게츠쿄라는 이름은 다리 위에 떠있는 달이 움직이는 모습이 마치 다리를 건너는 것 같아 보인다고 읊었던 카메야마 일왕의 시에서 따왔다고 한다. Map → ④-A-3

먹거리 in 아라시야마

| CAFE | CAFE | MEAL | MEAL |

돈 아깝다는 생각이 한 번도 들지 않았다

두부가 함께 제공되는 두유크림 파스타

❶ % ARABICA Kyoto 嵐山
아라비카커피 교토 아라시야마

히가시야마에 1호점이 있는 아라비카커피의 2호점. 아라시야마의 절경이 한눈에 들어오는 위치에 있다.

⌂ 京都府京都市右京区嵯峨天龍寺芒ノ馬場町3-47 ⊙ 35.01354, 135.67639 ☎ 075-748-0057 ⊙ 08:00-18:00 ₩ 아이스라테 ¥500 ♠ arabica.coffee
Map → ④-A-3

❷ eX CAFE 京都嵐山本店
이쿠스 카페 교토아라시야마본점

아라시야마의 소란함이 잠시나마 사라지는 뒷골목에 자리한 카페. 대표 메뉴는 숯불에 당고를 직접 구워먹는 호쿠호쿠 당고 세트.

⌂ 京都市右京区嵯峨天龍寺造路町35-3 ⊙ 35.01467, 135.67811 ☎ 075-882-6366 ⊙ 10:00-18:00 ₩ 호쿠호쿠 당고 세트 ¥1,318
Map → ④-A-3

❸ 鯛匠 HANANA 타이쇼 하나나

대표 메뉴인 타이차즈케고젠의 식재료가 다 떨어지는 순간 영업종료. 녹차에 밥을 말아 먹는 차즈케가 신선한 도미 회와 직접 만든 참깨소스를 만나 특별한 맛을 만들어낸다.

⌂ 京都市右京区嵯峨天龍寺瀬戸川町26-1 ⊙ 35.01805, 135.67655 ☎ 075-862-8771 ⊙ 11:00-재료 소진 시까지 ₩ 타이차즈케고젠 ¥2,700
Map → ④-A-2

❹ 嵯峨野湯 사가노유

1923년에 만든 대중목욕탕을 개조해서 2006년 문을 연 카페. 대표 메뉴는 직접 만든 두부가 함께 제공되는 두유크림 파스타.

⌂ 京都市右京区嵯峨天龍寺今堀町4-3 ⊙ 35.01702, 135.68133 ☎ 075-882-8985 ⊙ 11:00-20:00(마지막 주문 19:00) ₩ 두부 파스타 ¥1,180 ♠ sagano-yu.com Map → ④-A-2

CENTRAL - SPOTS TO GO TO

洛中
라쿠추, 교토의 중심

천년고도 교토의 중심. 교토 고쇼와 니조성이 있고
교토 제일의 번화가인 시조카와라마치도 바로 이 지역.
카모강을 따라 올라가다보면
북쪽에서 흘러내려온 두 개의 강과 만난다.

교토 고쇼
오랜 시간 일왕이
머물렀던 일본
정치의 중심지

시조카와라마치
대도시 교토의 진면목을
볼 수 있는
최대의 번화가

후시미이나리타이샤
붉은 도리이가
인상적인 신사

Spot Infomation

① 시조카와라마치
② 니시키 시장
③ 교토 역, 교토 타워
④ 니조성
⑤ 키타노텐만구
⑥ 교토 고쇼
⑦ 시모가모 신사
⑧ 도시샤 대학
⑨ 토지
⑩ 토후쿠지
⑪ 후시미이나리타이샤

084

四条河原町 京都駅
시조카와라마치와 교토 역

Spot. 1
四条河原町
시조카와라마치

시조도리와 카와라마치도리가 교차하는 교토 시내 최고의 번화가. 느긋하고 고즈넉한 교토가 아니라 도쿄, 오사카, 나고야의 뒤를 잇는 규모인 대도시 교토의 진면목이 드러나는 곳이다. 시조도리와 산조도리 사이, 카라스마도리에서 기온을 지나 야사카 신사까지 아케이드가 설치되어 있어 비가 오는 날이나 햇살이 강한 날에도 불편 없이 이동할 수 있다. 시조카와라마치 교차점 동쪽에는 쇼핑몰인 교토 마루이가, 서쪽에는 타카시마야 백화점이 있고 그 외에도 크고 작은 수많은 상업 시설이 모여 있다. 한큐 전철과 케이한 전철이 지나가고 수 십 개의 버스 노선이 교차하는 교통의 요지이기도 하다.

시버스 3, 4, 5, 10, 11, 12, 15, 17, 31, 32, 37, 46, 51, 59, 80, 104, 106, 201, 203, 205, 207 시조카와라마치 정류장 / 한큐 교토선 카와라마치 역 Map → ②-C-3

NEARBY

카모강
교토시 한복판을 도도하게 흐르는 카모강은 현지인, 여행자 모두에게 사랑받는 쉼터.

CENTRAL - SPOTS TO GO TO   시조카와라마치와 교토 역

Spot. 2
錦市場
니시키 시장

동서로 뻗은 시조도리에서 북쪽으로 한 블록 더 들어간 니시키코지도리錦小路通에 위치한 니시키 시장. 서쪽은 타카구라도리高倉通와 만나고 동쪽 끝에서 학문의 신을 모시는 니시키텐만구錦天満宮와 만난다. 이 지역에 시장이 생긴 이유는 풍부한 지하수 덕분이었다. 냉장고가 발명되기 이전에는 땅 속에서 솟아나는 차가운 지하수가 음식의 부패를 더디게 하는 역할을 맡았다. 1927년 교토중앙도매시장이 생기면서 도매보다는 소매에 주력하게 되었다. 반찬거리부터 소소한 군것질거리, 기념품까지 좁은 길 양 옆으로 130여 개의 상점이 손님을 기다리고 있다. 이른 아침엔 좀 썰렁한 편이고 정오 이후, 오후 6시 이전에 방문해야 북적북적한 시장의 모습을 볼 수 있다.

京都市中京区錦小路通 高倉通-錦天満宮
35.005, 135.76327   075-211-3882
개폐점 시간은 상점마다 다름
kyoto-nishiki.or.jp   Map → ③-D,E-3

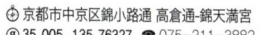

PLUS 니시키 시장 추천 맛집

こんなもんじゃ
콘나몬자

10:00-18:00
두부 도넛 10개 ¥300
두유 소프트아이스크림 ¥350

도넛과 아이스크림을 따로 먹으면 조금 심심하다는 느낌이 들지만 갓 튀겨져 나온 따끈따끈한 도넛을 아이스크림에 찍어 먹으면 그 조화는 상상 이상!

아이스크림에 콕 찍어

丸常蒲鉾店
마루츠네 카마코코텐

09:00-18:00
각종 어묵 ¥120~

반찬이 되기도 하고 군것질이 되기도 하는 일본 어묵 카마보코 전문점. 곱게 간 생선에 어떤 재료를 넣느냐에 따라 그 종류가 무궁무진하게 늘어난다.

京都駅 교토 역

하루 종일 사람으로 붐비는 교토의 관문. 일본에서 두 번째로 놓인 철도인 고베 역 - 교토 역의 종착역으로 1877년 만들어졌다.
Map → ⑥-E-3

교토 최고의 전망 포인트, 둘

京都タワー
교토 타워

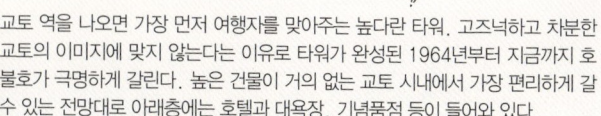

교토 역을 나오면 가장 먼저 여행자를 맞아주는 높다란 타워. 고즈넉하고 차분한 교토의 이미지에 맞지 않는다는 이유로 타워가 완성된 1964년부터 지금까지 호불호가 극명하게 갈린다. 높은 건물이 거의 없는 교토 시내에서 가장 편리하게 갈 수 있는 전망대로 아래층에는 호텔과 대욕장, 기념품점 등이 들어가 있다.

京都市下京区烏丸通七条下る 東塩小路町 721-1
35.98747, 135.75949   075-361-3215   09:00-21:00(마지막 입장 20:40)
성인 ¥770 고등학생 ¥620 초중학생 ¥520 3세 이상 ¥150
www.keihanhotels-resorts.co.jp/kyoto-tower   Map → ②-B-4

② 元離宮二条城 京都御所
니조성과 교토 고쇼

PLUS 학문의 신을 모시는 신사
北野天満宮 키타노텐만구

학문의 신인 스가와라노 미치자네菅原道真를 모시는 신사로 학생들이 반드시 들르는 곳이다. 그는 헤이안 시대를 대표하는 학자이자 정치가로 모함에 의해 좌천당한 후 후쿠오카의 다자이후에서 명을 달리했다. 사후 누명이 벗겨지고 키타노텐만구에 모셔졌다. 경내에는 학문의 신의 심부름꾼인 소의 동상이 곳곳에 놓여있는데 머리를 쓰다듬으면 머리가 좋아진다는 속설이 있어 그 부분만 반짝반짝 빛난다.

🏠 京都市上京区馬喰町北野天満宮社務所 🚌 시 버스 10, 50, 51, 55, 101, 102, 103, 203 키타노텐만구마에北野天満宮前 정류장
📞 35.0314, 135.73512 ☎ 075-461-0345 🕐 4월~9월 05:00~18:00 10월~3월 05:30~17:30 💴 경내 무료 / 매화원, 단풍정원 성인 ¥700 아동 ¥350 🌐 kitanotenmangu.or.jp Map → ②-A-1

> 소의 머리를 쓰다듬으면 머리가 좋아진다는 속설이 있다.

Spot. ① 元離宮二条城
니조성

일왕이 거주하는 고쇼를 지키고 쇼군이 교토를 방문할 때 머물 목적으로 1601년 도쿠가와 이에야스가 축성을 명령, 1603년에 완공되었다. 성은 니노마루二の丸와 혼마루本丸로 구성되어 있다. 국보 니노마루 궁전에는 33개의 방이 있고 각 방은 소나무, 호랑이 등의 그림으로 화려하게 꾸며놓았다. 1867년 에도 막부의 15대 쇼군인 도쿠가와 요시노부가 왕실에 통치권을 돌려준다고 한 대정봉환大政奉還의 무대가 된 역사적 장소이기도 하다.

🏠 京都市中京区二条通堀川西入二条城町541 🚌 시 버스 9, 12, 50, 101 니조조마에二条城前 정류장 / 지하철 토자이선 니조조마에 역 📞 35.01422, 135.74821 ☎ 075-841-0096 🕐 08:45~17:00 💴 성인 ¥600 고등학생 ¥350 중학생 ¥250 초등학생 ¥200 🌐 www2.city.kyoto.lg.jp/bunshi/nijojo Map → ②-B-2

먹거리 in 니조성 주변

① 신린쇼쿠도 (p.059)
독특한 분위기의 카레 전문점. 멧돼지 고기 카레를 맛볼 수 있다.

② 니조코야 (p.029)
주차장에 다소곳이 자리한 커피 스탠드. 특유의 편안한 분위기가 매력.

③ 클램프 커피 사라사 (p.030)
초록에 둘러싸여 커피를 즐길 수 있는 카페. 매장에서 직접 원두를 볶는다.

④ 킷사 마도라구 (p.041)
폭신폭신하고 따뜻한 타마고 산도를 먹기 위해 오픈 전부터 줄을 서는 카페.

CENTRAL - SPOTS TO G TOO ● 니조성과 교토 고쇼

Spot. 2
京都御所
교토 고쇼

1869년 메이지 일왕이 도쿄로 가기 전까지 약 5백 년 동안 일왕이 기거하며 정무를 보았던 왕궁의 역할을 한 교토 고쇼. 현재 일왕의 바로 전대인 쇼와 일왕까지 여기서 즉위식을 했다. 즉위식을 비롯해 중요한 국가 의식이 열리던 건물인 시시덴紫宸殿, 일왕의 생활공간이었던 세이료덴清涼殿 등은 화재 이후 1855년 재건되었지만 교토가 수도였던 헤이안 시대의 건축양식을 그대로 따랐다. 65만㎡의 드넓은 녹지인 교토 교엔京都御苑 내부에 있다.

🏠 京都市上京区京都御苑内 🚌 시 버스 51, 59, 201, 203 카라스마이마데가와·토리마루슈출가와 정류장, 지하철 카라스마선 이마데가와 역 📍 35.02541, 135.76212
☎ 075-211-1215 🕐 09:00-17:00(10월~2월 16:00 9월 3월 16:30)
월, 12월 28일~1월 4일 휴무 🌐 sankan.kunaicho.go.jp/guide/kyoto.html
Map → ②-C-2

1869년 메이지 일왕이 도쿄로 가기 전까지 약 5백 년 동안 일왕이 기거하며 정무를 보았다.

Spot. 3
下鴨神社
시모가모 신사

카미가모 신사에서 모시는 카모와케이카즈치노오카미의 조부에 해당하는 카모타케츠네노미코토賀茂建角身命와 어머니인 타마요리히메노미코토玉依姫命를 모시는 신사다. 교토 천도 이전부터 세력을 일궜던 오랜 역사를 자랑한다. 정식 명칭은 카모미오야 신사賀茂御祖神社. 사적으로 지정된 원생림 타다스의 숲糺の森 북쪽 끝에 신사가 있어 아오이 마츠리가 열릴 때는 행렬이 숲길을 통과한다. 제신祭神을 모시는 본전 앞쪽에는 십이간지의 수호신을 모시는 코토샤言神社라는 건물이 있다.

🏠 京都市左京区下鴨泉川町59 🚌 시 버스 1, 4, 205 시모가모진자마에下鴨神社前 정류장 📍 35.03917, 135.77301 ☎ 075-781-0010
🕐 06:30-17:00 💰 무료 🌐 www.shimogamo-jinja.or.jp
Map → ②-C-1

NEARBY
同志社大学 도시샤 대학

일본의 사립명문 중 하나인 도시샤 대학은 1875년 개신교 전도사이자 교육자인 니지마 조新島襄가 설립했다. 교토 고쇼와 이마데가와도리를 사이에 두고 마주보고 있는 이마데가와 캠퍼스는 19세기 후반에 지어진 붉은 벽돌 건물이 늘어서 있어 고풍스런 분위기다. 그 중 중요문화재로 지정된 해리스 이화학관과 도시샤 예배당 사이에 윤동주 시비와 정지용 시비가 있다. 두 시인은 엄혹한 일제강점기에 도시샤 대학에서 유학을 했다. 정지용 시인은 졸업을 하고 귀국했지만 윤동주 시인은 재학 중 항일운동을 했다는 이유로 일본 경찰에 체포되어 후쿠오카의 형무소에서 짧은 생을 마감했다. 윤동주 시비에는 서시가, 정지용 시비에는 압천(鴨川)이 새겨져있다.

🏠 京都市上京区今出川通烏丸東入玄武町601 🚌 시 버스 59, 102, 201, 203 카라스마이마데가와·토리마루슈출가와 정류장 📍 35.03009, 135.7606 Map → ②-B-1

먹거리 & 숍 in 교토 고쇼 주변

CAFE

❶ 타이무도 (p.034)
옛 것과 새 것의 조화가 인상적인 카페. 1층은 카페, 2층은 잡화점.

CAFE
❷ 카모가와 카페 (p.039)
오랜 시간 동네 주민들에게 사랑을 받아온 카페.

SHOP

❺ 커뮤니티 스토어 투 씨 (p.105)
예술가의 안목으로 고른 물건이 모여 있는 공간.

SHOP

❹ 히소카 (p.105)
물건 하나하나 이야기가 담겨 있는 잡화점.

귀여운 와가시를 파는 가게

SHOP

❻ 우추 와가시 테라마치점 (p.110)
손으로 정성스레 만든 귀여운 와가시를 파는 가게.

SOUTH - SPOT TO GO

洛南
라쿠난, 교토의 남쪽

교토 여행의 시작과 끝인 교토 역의 남쪽 지역. 토지와 후시미이나리타이샤부터 넓게는 술로 유명한 후시미, 차로 유명한 우지까지 포함한다.

24시간 개방하기 때문에 아침 일찍 혹은 해 질 녘 방문하면 비교적 조용하게 돌아볼 수 있다.

Spot. 1
伏見稲荷大社
후시미이나리타이샤

무려 1,300년이 넘는 역사를 자랑하는 교토의 후시미이나리타이샤는 일본에 있는 3만 여 군데 이나리 신사의 총본산이다. 산길을 따라 끝없이 이어진 주홍빛 토리로 유명하다. 외국인이 가장 좋아하는 관광지 1위.

⌂ 京都市伏見区深草薮之内町68　JR 나라선 이나리稲荷 역 혹은 케이한 본선 후시미이나리伏見稲荷 역
⊕ 34.96714, 135.77267　☎ 075-641-7331
⊙ 24시간　◉ 무료　 inari.jp
Map → ⑥-F-4

Spot. 2
東寺
토지

정식명칭은 쿄오고쿠지教王護国寺. 교토로 천도한 직후인 796년에 세워졌다. 일본에서 가장 높은 목조탑인 5층탑(오중탑)은 토지의 상징. 봄이면 주변의 수양 벚나무와 함께 한 폭의 그림 같은 풍경을 만들어낸다.

⌂ 京都市南区九条町1　교토 역에서 걸어서 15분
⊕ 34.98111, 135.74759　☎ 075-691-3325
⊙ 경내 05:00-17:00 금당, 강당 08:00-17:00
◉ 금당, 강당 성인 ¥500 고등학생 ¥400 중학생 이하 ¥300(기간에 따라 달라짐)
 toji.or.jp Map → ⑥-D-3

Spot. 3
東福寺
토후쿠지

토후쿠지라는 이름은 나라의 토다이지東大寺와 코후쿠지興福寺에서 각각 한 글자씩 따와서 지었다. 동서남북 사방의 모습이 모두 다른 방장 정원이 유명하고 단풍 명소로도 잘 알려져 있다.

⌂ 京都市東山区本町15-778　시 버스 202, 207, 208 도후쿠지東福寺 정류장　⊕ 34.97651, 135.77423
☎ 075-561-0087　⊙ 4월~10월 09:00-16:30 11월~12월초 08:30-16:30 12월초~3월 09:00-16:00
◉ 츠텐쿄/카이잔도, 방장 정원 각각 대학생 이상 ¥400 초등학생 이상 ¥300　⌂ tofukuji.jp Map → ⑥-F-4

NORTH - SPOTS TO GO TO

洛北
라쿠호쿠, 교토의 북쪽

동서로 뻗어있는 키타오지도리의 북쪽 지역.
사방이 산으로 둘러싸인 교토에서도
북쪽의 산은 조금 더 깊고 신비롭다.

카미가모 신사
시모가모 신사와 짝을 이루는 오래된 신사

가든 뮤지엄 히에이
교토와 시가에 걸친 최고의 전망 포인트

시센도
마음에 평화가 찾아드는 조용한 공간

Spot Infomation

① 시센도
② 엔코지
③ 슈가쿠인리큐
④ 카미가모 신사
⑤ 겐코안
⑥ 코에츠지
⑦ 쿠라마데라
⑧ 가든 뮤지엄 히에이

Spot. 1
詩仙堂
시센도

'시센도에서는 시간의 흐름이 느껴지지 않아', '마음에 평화가 찾아오는 곳이야' 등등 교토 토박이들이 하나같이 입을 모아 추천해준 시센도. 도쿠가와 이에야스의 부하 이시카와 조잔石川丈山이 은퇴 후 지낼 공간으로 만들었다. 무장이었지만 다도, 서예, 정원 설계 등에도 능했던 조잔의 미의식이 유감없이 발휘됐다. 시센노마詩仙の間에 앉아 간소하게 꾸며놓은 정원을 보고 있으면 마음을 어지럽히는 잡념을 잠시나마 잊게 된다. 5월이 되면 정원 가득 철쭉과 진달래가 핀다.

🏠 京都市左京区一乗寺門口町27
시 버스 5 이치조지사가리마츠一乗寺下リ松 정류장
📍 35.04372, 135.79612 ☎ 075-781-2954
🕘 09:00-17:00
💴 성인 ¥500 고등학생 ¥400 초등학생 이상 ¥200
🌐 kyoto-shisendo.com
Map → ⑤-E-2

NEARBY
修学院離宮 슈가쿠인리큐

17세기에 세워진 일왕의 별궁이다. 54㎢가 넘는 넓은 부지 위에 시모리큐下離宮, 나카리큐中離宮, 카미리큐上離宮로 나눠 조성되어 있다. 그 중 연못을 끼고 있는 카미리큐가 가장 아름답다.

🏠 京都市左京区修学院藪添 시 버스 5, 31, 65 슈가쿠인리큐미치修学院離宮道 정류장 에이잔 전철 슈가쿠인 역 📍 35.05356, 135.79963 ☎ 075-211-1215
🕘 09:00- 10:00- 11:00- 13:30- 15:00- 월, 12월 28일~1월 4일 휴무
💴 무료. 🌐 sankan.kunaicho.go.jp/guide/shugakuin.html Map → ⑤-E-2

TIP
예약은 필수!
카츠라리큐와 슈가쿠인리큐는 가이드 투어로만 관람이 가능하다. 가이드 투어 시간은 1시간~1시간 30분 정도. 한국어 오디오 가이드와 브로슈어가 준비되어 있다. 워낙에 인기가 많은 곳이라 3개월 전에는 홈페이지를 통해 예약을 해야 원하는 날짜와 시간을 선택할 수 있다.

Spot. 2
圓光寺
엔코지

1601년 도쿠가와 이에야스가 문치정치의 일환으로 후시미 지역에 엔코지라는 이름의 학교를 세우고 선승 칸시츠 겐키츠閑室元佶에게 학생들의 교육을 맡긴 게 기원. 1667년에 지금의 자리로 옮겨왔다. 경내는 단풍이 들 때 특히 아름답다.

🏠 京都市左京区一乗寺小谷町13 시 버스 5 이치조지사가리마츠一乗寺下リ松 정류장
📍 35.04509, 135.79706 ☎ 075-781-8025 🕘 09:00-17:00
💴 성인 ¥500 중고등학생 ¥400 초등학생 ¥3000 🌐 enkouji.jp Map → ⑤-E-2

먹거리 & 숍 in 이치조지

제대로 된 한끼로 추천

MEAL

❶ つばめ 츠바메 (p.053)
열심히 다니다가 밥때를 놓쳤는데 제대로 된 한 끼를 먹고 싶다면 추천.

BOOKSTORE

❷ 恵文社 一乗寺店 케이분샤 이치조지점
영국의 가디언지가 꼽은 '세계에서 가장 아름다운 서점 베스트 10' 중 한곳.
🏠 京都市左京区一乗寺払殿町10
☎ 075-711-5919
🕘 10:00-21:00 1월 1일 휴무
Map → ⑤-E-2

NORTH - SPOTS TO GO TO ● 라쿠호쿠

Spot. 3
上賀茂神社
카미가모 신사

오랜 옛날 이 부근을 지배하고 있던 귀족 카모賀茂 씨의 조상신이자 천둥의 신인 카모와케이카즈치노오카미賀茂別雷大神를 모시는 신사다. 정식 명칭은 카모와케이카즈치 신사 賀茂別雷神社. 교토 천도 이전부터 크게 세력을 이뤘고 교토가 수도가 된 이후에는 시모가모 신사와 함께 왕실에서 직접 관리하는 신사가 됐다. 본전本殿에 들어가기 전에 배례를 드리는 건물인 호소도노細殿 앞에는 모래로 만든 원뿔모양 조형물이 있다. 이는 신이 강림했다고 전해지는 카미가모 북쪽에 있는 산 코야마神山를 형상화 한 것이다. 매년 5월 15일 열리는 아오이 마츠리를 주관한다.

🏠 京都市北区上賀茂本山339 시 버스 4, 46, 67 카미가모 진자上賀茂神社 정류장 📍 35.05928, 135.75252
☎ 075-781-0011 🕐 05:30-17:00 💴 무료
🌐 kamigamojinja.jp Map → ⑤-D-1

시간이 있다면 여기도!

源光庵 겐코안

1346년에 세워진 선종 사찰. 시내 중심에서 한참 북쪽인 타카가미네 鷹峯 지역에 있다. 각각 사각형과 원형인 미혹의 창과 깨달음의 창이 유명하다.

🏠 京都市北区鷹峯北鷹峯町47 시 버스 6, 북1 타카가미네겐코안마에鷹峯源光庵前 정류장
📍 35.05478, 135.7317
☎ 075-492-1858
🕐 09:00-17:00
💴 중학생 이상 ¥400(11월 ¥500) 초등학생 ¥200 Map → ⑤-D-2

光悦寺 코에츠지

경내에서 교토 시내 북부에 있는 3개의 산을 한 번에 조망할 수 있는 작은 사찰. 평소엔 조용하지만 단풍 시즌엔 사람이 많이 찾는 편이다.

🏠 北区鷹峯光悦町29 시 버스 6, 북1 타카가미네겐코안마에鷹峯源光庵前 정류장
📍 35.05478, 135.7317
☎ 075-491-1399
🕐 08:00-17:00
💴 중학생 이상 ¥300(단풍 시즌 ¥400)
Map → ⑤-D-2

Spot. ④ 鞍馬寺
쿠라마데라

770년 사천왕 중 하나인 비사문천을 모시기 위한 사찰로 세워진 쿠라마데라. 비사문천이 북방의 수호신이기 때문에 교토 천도 이후에는 수도 교토의 북쪽을 지키는 사찰로 융성했다. 비운의 영웅으로 일본인에게 사랑받고 있는 미나모토노 요시츠네源義経가 쿠라마데라에서 어린 시절을 보냈을 때 텐구天狗와 함께 수행했다는 전설이 남아있다. 산 전체를 경내로 삼고 있기 때문에 입구에서 본낭까지 30분 정도 등산을 해야 한다. 편하게 올라가고 싶다면 케이블카(편도 200엔)를 이용하면 된다. 다보탑 역에서 내려 본당까지는 대략 10분 정도 완만한 오르막. 본당 앞의 삼각형은 좋은 기운을 받을 수 있다는 '파워 스폿'으로 유명하다. 본당 왼쪽으로 난 좁은 길을 따라 1시간 30분 정도 가면 키부네 신사貴船神社에 닿는다.

京都市左京区鞍馬本町1074 에이잔 전철 쿠라마 역
35.11798, 135.77098 ☎ 075-741-2003
09:00-16:30 고등학생 이상 ¥300
kuramadera.or.jp Map → ⑧-A-4

교토 최고의 전망 포인트, 셋

ガーデンミュージアム比叡
가든 뮤지엄 히에이

840m의 히에이산 정상에 있는 정원 미술관으로 프랑스 인상주의에서 영향을 받아 2001년 오픈했다. 내부에는 1,500종의 꽃이 있어 언제 가도 그 시기에 가장 아름다운 꽃을 볼 수 있다. 6개의 구역으로 나뉜 정원 구석구석에는 꽃과 어우러져 모네, 세잔, 고흐 등의 작품이 전시되어 있다. 교토부와 시가현에 걸쳐있는 히에이산에서는 일본에서 가장 큰 호수인 비와 호수를 조망할 수 있고 가든 뮤지엄 히에이는 최고의 전망 포인트 중 하나다. 내부에 식당은 있지만 가격이 비싼 편이라 도시락이나 군것질거리를 미리 준비해가는 게 좋다.

일본에서 가장 큰 호수인 비와 호수를 조망할 수 있어요

가는 방법

1. JR 교토 역, 케이한 전철 산조 역 혹은 데마치야나기 역에서 케이한 버스 57번 탑승, 히에이산 정상에서 하차. 편도 820엔.

2. 에이잔 전철 데마치야나기 역에서 야세히에이잔구치八瀬比叡山口로 가는 열차 탑승 후 종점에서 하차. 야세-히에이 구간은 케이블카, 히에이-히에이산 정상 구간은 로프웨이로 이동. 이 경우 에이잔 전철, 케이블카, 로프웨이 전 구간 왕복권과 가든 뮤지엄 히에이 입장권까지 포함된 세트 티켓을 데마치야나기 역에서 구매하는 게 이득이다. 성인 2,400엔.

京都市左京区修学院尺羅ヶ谷四明ヶ嶽4(比叡山頂) 35.06514, 135.82926 4월 15일~12월 3일 10:00-17:30
4월 15일~11월 19일 중학생 이상 ¥1,030 초등학생 ¥515 그 외 기간 중학생 이상 ¥515 초등학생 ¥260
garden-museum-hiei.co.jp Map → ⑤-F-1

庭園

Theme Spot 1

정원으로 보는 교토

도심 한가운데 맑은 강이 졸졸 흐르고 사방이 산으로 둘러싸인 교토는 그 자체로 하나의 커다란 정원이다. 자연이 만들어준 그 커다란 정원을 걷다보면 곳곳에서 사람이 가꿔놓은 정원과 만나게 된다. 때론 무심하게, 때론 화려하게 꾸며진 정원은 보는 이의 마음에 평화를 가져다준다.

일본 정원의 종류, 이 정도는 알고 보자!

카레산스이枯山水 정원
물을 사용하지 않고 모래와 돌, 식물을 이용해 자연을 표현해 낸 정원. 무로마치 시대 중기 이후 선종의 영향을 받아 발달했다. 우리가 흔히 떠올리는 '일본 정원'의 대표적인 형식 중 하나. 료안지, 켄닌지, 토후쿠지 등.

회유식回遊式 정원
정원으로 들어가 걸으면서 관람하는 형식. 가마쿠라 시대, 에도 시대에 유행했다. 카츠라리큐, 니조성의 니노마루 정원, 텐류지의 소겐치 정원, 헤이안 신궁의 신엔 등.

신사나 사찰의 경내에 있는 정원 이외에도 추천해주고 싶은 정원

無鄰菴 무린안

난젠지와 헤이안 신궁의 중간쯤에 위치해 있다. 정치가 야마가타 아리모토山縣有朋의 별장으로 1896년에 만들어졌다. 비와 호수의 물을 끌어다 연못을 만들고 그 주변을 거닐며 즐길 수 있는 지천회유식池泉回遊式 정원이다. 간소한 만듦새의 별장에서는 정원과 히가시야마의 산이 함께 보인다. 헤이안 신궁의 신엔 등을 만든 정원 설계의 명장인 오가와 지헤에小川 治兵衛의 솜씨다.

- 京都市左京区南禅寺草川町31
- 35.01158, 135.78708 ☎ 075-771-3909
- 04월~6월 08:30-18:00 / 7월 8월 07:30-18:00 / 9월 10월 08:30-18:00
  11월 07:30-17:00 / 12월~3월 08:30-17:00
- 초등학생 이상 ¥410 🏠 murin-an.jp
- Map → ①-C-2

建築

안도 타다오 in 교토

일본이 낳은 세계적인 건축가 안도 타다오는 교토의 이웃 도시 오사카 출신. 트럭 운전사와 권투선수로 일하다 독학으로 공부를 해 건축가가 되었다는 영화 같은 인생사와 노출 콘크리트를 아름답게 활용한 그의 건축물에 많은 이들이 찬사를 보낸다. 제주도의 본태 박물관과 지니어스 로사이 등이 그의 작품. 교토에도 곳곳에 그의 건축물이 남아있다. 천 년을 이어온 오래된 건물들과 어깨를 나란히 하며.

1. 京都府立陶板名画の庭
교토부립 도판 명화의 정원

교토부립 식물원 바로 동쪽에 붙어있다. 미켈란젤로의 〈최후의 심판〉, 모네의 〈수련, 아침〉 등 8점의 명화를 도자기 판 위에 그대로 재현했다. 벽을 타고 흘러내리는 작은 폭포와 명화를 그대로 비춰주는 연못이 있고 뻥 뚫린 콘크리트 너머로 식물원의 모습이 보여 도심 속에 있지만 자연에서 그림을 감상하는 듯한 착각을 불러일으킨다. 곳곳에 거미줄이 보이는 등 관리가 제대로 되지 않는 점이 조금 아쉽다. 1994년 설계.

- 京都市左京区下鴨半木町 지하철 카라스마선 키타야마 역北山駅
- 35.05065, 135.76544 ☎ 075-724-2188
- 09:00-17:00 12월 28일~1월 4일 휴원
- 고등학생 이상 ¥100 kyoto-toban-hp.or.jp
- Map → ⑤-E-2

2. アサヒビール大山崎山荘美術館
아사히맥주 오야마자키 산장미술관 (p.129)

원래는 대부호의 산장이었던 건물을 미술관으로 개축하며 새로운 전시관이 필요했고 거기에 안도 타다오가 참여해 본관과 자연스럽게 어우러지는 치추관地中館과 야마테관山手館을 설계했다. 개관과 더불어 완공된 치추관은 '지하의 보석상자'라고 불리는데 그 말 그대로 반지하 구조로 설계되어 있다. 본관을 나와 높은 유리벽으로 둘러싸인 계단을 내려가면 반원형의 전시실이 나온다. 이 전시실에서 모네의 수련 연작을 볼 수 있다. 2012년 덧붙여진 야마테관은 원래 난을 키우던 온실이 있던 자리에 세워졌다. 지하로 들어가는 치추관과 달리 지상 1층 높이의 야마테관은 주변 경관을 해치지 않기 위해 세심하게 신경 써야했고 온실의 모습을 그대로 살리며 숲에 자연스럽게 녹아들었다. 치추관 1995년 설계. 야마테관 2012년 설계.

Map → ⑩-E-4

라카세 강가에 위치한 상업시설

PLUS 산조 거리에서 만난 안도 타다오

시내의 북쪽으로 남쪽으로 발걸음을 옮길 필요 없이 시내 한복판인 산조 도리에 안도 타다오가 설계한 건물이 몇 군데 있다.

Times 타임즈
산조 대교와 카와라마치산조 사거리 사이를 흐르는 타카세 강가에 위치한 상업시설. 내부에는 음식점, 옷가게 등이 있다. 1984년 설계.
- 京都市中京区中島町92

NIWAKA 京都本店 니와카 교토본점
교토에서 탄생한 주얼리 브랜드인 니와카의 본점. 브랜드의 성격에 맞게 단정한 외관에 내부는 보라색을 기조로 꾸몄다. 2009년 설계.
- 京都市中京区福長町105俄ビル

自転車

교토에서 자전거 이용하기

일본 어느 도시를 가든 자전거를 타는 사람을 위한 시설이 잘 갖추어져 있는 편이다. 교토 역시 마찬가지! 교토의 길은 바둑판 모양으로 정리가 잘 되어 있고 대부분의 볼거리가 오밀조밀 모여 있어서 자전거를 타고 돌아보기에 딱 좋다.

Theme Spot 3

Step 2 자전거 어디서 빌리면 좋을까

京都サイクリングツアープロジェクト
교토 사이클링투어 프로젝트

교토 역 중앙 출구에서 가장 가까운 자전거 대여점이다. 카와라마치, 킨카쿠지, 후시미 등에도 지점이 있어 자유롭게 반납이 가능(회수요금 400엔 추가)이 가능한 게 장점. 종일 대여는 1,000엔부터 시작한다.

- 京都市下京区油小路塩小路下ル東油小路町 552-13
- 34.98625, 135.75417
- 075-354-3636
- 09:00-19:00
- kctp.net (예약 가능, 한국어 지원)
- Map → ②-B-4

추천 대여점

ADVICE 교토 시내의 자전거 통행금지 구역을 확인하자!
1. 시조도리의 카라스마도리와 히가시오지도리 사이
2. 카와라마치도리의 붓코지도리와 오이케도리 사이
3. 그 외 테라마치 상점가, 신쿄코쿠 상점가 등 아케이드가 설치된 구역과 폰토초

Step 1 일본에서 자전거 탈 때 주의해야 할 사항

- 보도에 자전거 전용도로 표시가 있을 경우를 제외하면 자전거는 차도 주행이 원칙.
- 차도에서는 좌측통행이 원칙. 역주행은 절대 금물.
- 보도에서는 무조건 보행자 우선. 어쩔 수 없이 전용도로 표시가 없는 보도를 달릴 경우 차도 쪽에 붙어서 주행.
- 음주주행, 수평으로 두 대가 나란히 주행, 우산/휴대폰 사용 금지. 야간에는 반드시 라이트 점등.
- 13세 미만은 반드시 헬멧을 착용.
- 지정된 주차 구역 이용.

Step 3 직접 달려 본 추천 코스

시내의 북쪽을 달리는 코스다. 닌나지, 료안지, 킨카쿠지는 조르르 붙어 있지만 걷기엔 좀 멀다 싶고 버스도 자주 다니지 않는 편이라 자전거를 이용하면 쉽게 이동할 수 있다. 돌아올 때는 너무 무리하지 말고 강가에서 적당히 휴식을 취하며 내려오도록 하자.

시내 북쪽을 달리는 코스

교토 역 → 5분 → 니시혼간지 → 15분 → 니조성 → 25분 → 닌나지 → 5분 → 료안지 → 10분 → 킨카쿠지 → 30분 → 시모가모 신사 → 5분 → 카모강 → 30분

温泉

교토에서 온천 이용하기

절경을 눈앞에 두고 뜨끈한 온천물에 몸을 담그며 하루의 피로를 푸는 시간, 일본 여행을 하는 많은 여행자의 로망이 아닐까? 안타깝게도 시내에선 그 로망을 실현할 수가 없다. 하지만 실망하지 말고 조금만 발품을 팔아보자. 화려한 료칸이나 펄펄 끓는 온천 달걀은 없지만 교토다운 소박하고 조용한 온천이 여행자를 기다리고 있다.

1.
風風の湯
후후노유

한큐 아라시야마 역에서 5분 거리에 있는 온천이다. 워낙에 위치가 좋다보니 항상 이용자가 많은 편이다. 실내와 노천에 각각 2개의 탕이 있고 작지만 사우나도 있다. 휴식공간에선 식사도 가능하다.

- 京都市西京区嵐山上河原町1
- 35.01169, 135.67993
- 075-7863-1126 ⓛ 12:00~22:00(마지막 입장 21:30)
- 중학생 이상 ¥1,000(주말 ¥1,200) 3세 이상 ¥600 2세 이하 ¥300
- hotespa.net/spa/fufu Map → ④-A-3

후나오카 온천   사우나노우메유

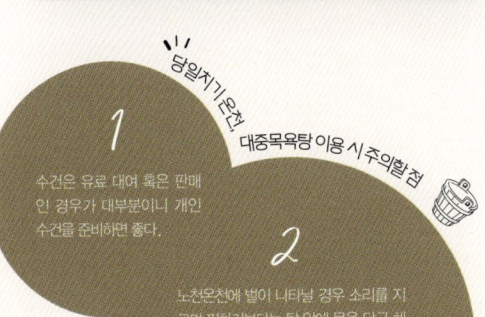

2.
鞍馬温泉
쿠라마 온천

쿠라마 역에서 걸어서 15분 정도 떨어져 있는 산 속에 위치해있고 열차의 발착 시간에 맞추어 역과 온천 사이 셔틀버스를 운행한다. 교토의 북쪽을 지키는 산을 바라보며 노천온천을 즐길 수 있다.

- 京都市左京区鞍馬本町520
- 35.11928, 135.77651
- 075-741-2131
- 10:00~21:00(노천온천 20:00)
- 하루코스 성인 ¥2,500 아동(4세~12세) ¥1,600
  노천온천 이용 성인 ¥1,000 아동 ¥700
- kurama-onsen.co.jp
- Map → ⑧-A-4

PLUS 교토의 일상, 대중목욕탕

교토 사람들의 대중목욕탕 사랑은 남다르다. 몇 십 년 전 우리네가 그러했듯 목욕탕 사물함에 개인 물품을 맡기고 매일 오는 사람이 교토에는 여전히 많다. 대중목욕탕을 이용하고 나면 한뼘 더, 교토와 가까워진 기분이다.

船岡温泉 후나오카 온천
1923년부터 영업을 시작했고 2003년에 유형문화재로 등록되었다. 복고풍의 실내는 옛날 영화의 한 장면에서 본 듯하다. 세월이 무색하게 깔끔하게 관리되고 있다.

- 京都市北区紫野南舟岡町82-1
- 075-441-3735
- 월~토 15:00~25:00 일요일 08:00~25:00
- 성인 ¥430 funaokaonsen.net

サウナの梅湯 사우나노우메유
폐업 예정이었던 대중탕을 20대 청년이 인수해서 새 옷을 입혔다. 지금은 '재즈 음악이 흐르는 대중탕'으로 유명해져 일본 전국에서뿐만 아니라 해외에서 온 여행자도 많이 찾는 명소가 되었다.

- 京都市下京区木屋町通上ノ口上ル岩滝町175
- 14:00~26:00 주말 오전 영업 병행(06:00~12:00) 목 휴무 성인 ¥430

당일치기 온천 대중목욕탕 이용 시 주의할 점

1. 수건은 유료 대여 혹은 판매인 경우가 대부분이니 개인 수건을 준비하면 좋다.

2. 노천온천에 벌이 나타날 경우 소리를 지르며 피하기보다는 탕 안에 몸을 담근 채 물을 뿌려 쫓아내는 편이 좋다.

LIFE STYLE & SHOPPING

일본에서 교토만큼 취향이 확실한 도시가 있을까? 하나하나 손으로 만들어서
혹은 교토에서 나온 좋은 재료로 만들어서 등등의 이유로 가격은 좀 비쌀지 모르나 그 값어치는 톡톡히 하는 교토의 물건들.
지갑은 얇아지지만 마음은 뿌듯하기 그지없는 쇼핑의 경험이 될 것이다.

[THEME]
앤티크 숍
[THEME]
도자기

1
라이프스타일 숍

2
학문의 도시, 서점 탐방

3
쇼핑몰 & 드러그 스토어

4
교토만의 기념품

5
교토의 흔적들

LIFE STYLE

천년고도의 흔적
앤티크

몇 백 년 된 건물도 부수지 않고 조금씩 고쳐서 살아내는 교토 사람들. 물건이라고 다를 게 없다. 아껴 쓰고 고쳐 쓰며 작은 물건 하나도 소중히 하는 마음은 대를 이어 전해진다. 할아버지가 쓰던 물건을 손주가 물려받는 일은 교토에서는 너무 자연스러운 일이다. 오래된 물건을 아끼는 마음은 비단 일본의 물건에만 국한되지는 않는다. 태어난 곳에서 쓰임을 찾지 못해 지구를 반 바퀴쯤 돌아 교토에 온 물건도 이 도시에서는 누군가 소중하게 여겨준다. 그 가치를 아는 사람들이 모여 있기에 오늘도 교토엔 전 세계의 오래된 물건이 모인다.

시간 맞춰 찾아가고픈 2대 골동품 벼룩시장

天神市
키타노텐만구의 텐진이치

키타노텐만구에서 모시는 학문의 신인 스가와라노 미치자네가 태어난 날은 음력 6월 25일, 사망한 날은 음력 2월 25일. 그래서 매월 25일을 '텐진상의 날'로 정해 골동품 시장을 열고 늦게까지 신사에 불을 밝혀 놓곤 한다. 흔히 텐진이치라고 불리는 키타노텐만구의 골동품 벼룩시장엔 아침 6시 반부터 3백여 개가 넘는 가판들이 나와서 손님을 맞는다. 이 날만큼은 교토 시내 대부분의 골동품 전문점이 가게 문을 닫고 키타노텐만구 앞으로 모인다. 또한 오래된 물건을 아끼고 사랑하는 교토 사람들의 집안 어딘가에 숨어있던 귀한 물건이 세상의 빛을 보는 날이기도 하다. 골동품뿐만 아니라 수공예품, 주전부리를 파는 포장마차에 구경꾼까지 더해지며 매달 25일은 이른 아침부터 늦은 밤까지 키타노텐만구에 사람이 북적북적하다. 여유 있게 돌아보고 싶다면 점심시간 이전에 방문하는 편이 좋다.

⊙ 개최시간 06:00~16:00(우천 시에도 진행) 경내 라이트 업 시간 일몰~21:00
Map → ②-A-1

弘法市
토지의 코보이치

북쪽에 텐진이치가 있다면 남쪽에는 코보이치가 있다. 역시나 토지와 인연이 있는 승려 쿠카이가 사망한 3월 21일을 기리며 매달 열린다. 쿠카이는 사후에 사가 일왕으로부터 코보 대사라는 칭호를 내려 받았다. 코보이치는 자그마치 8백 년에 가까운 역사를 갖고 있으며 에도 시대 이후로 규모가 커져 지금에 이르렀다. 텐진이치가 현지인, 여행자 할 것 없이 붐볐다면 코보이치에는 현지인이 좀 더 많은 편. 그도 그럴 것이 골동품도 많지만 각종 생활용품 가판도 엄청 많기 때문이다. 시장 특유의 북적북적하고 활기찬 분위기만은 다름이 없기 때문에 둘러보다보면 시간 가는 줄 모른다.

⊙ 개최시간 05:00~16:00(우천 시에도 진행)
Map → ⑥-D-3

PLUS 키타노텐만구 근처의 앤티크 숍

HANAMIZUKI 하나미즈키
⌂ 京都市上京区鳥居前町666-1
☏ 11:00~17:00 수 목 휴무

こっとう画餅洞 콧토 와힌도
⌂ 京都市上京区今出川通り六軒町西入190-16
☏ 075-467-4400 ⊙ 정오 무렵~19:00 부정기 휴무

NOUS
누스

[교토 고쇼]

🏠 京都市中京区天守町742インテリア稲井ビル1F
📍 35.01486, 135.76229
☎ 075-256-3356
🕐 13:00-19:00 화 수 휴무
🌐 nous-atq.com
Map → ②-B-2

교토 고쇼와 교토 시청 중간쯤에 있는 에비스가와도리夷川通는 앤티크를 좋아하는 사람에게는 하루 종일 돌아다녀도 지겹지 않을 거리다. 시내 곳곳에 아름다운 앤티크 숍이 넘쳐나는 교토에서도 이 거리에는 유독 많은 앤티크 숍이 모여 있다. 그 중에서도 눈에 띄었던 공간이 누스. 다른 가게에 비해 규모는 작은 편인데 그래서 오히려 여행자도 쉽게 가지고 올 수 있는 소품이 많은 편이다. 바로 옆에 앤티크 조명을 다루는 가게 **파라보라パラボラ**가 붙어있다. 입구가 헷갈릴 수 있는데 하얀 문이 파라보라로, 검은 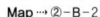이 누스로 들어가는 문. 온라인 숍에 다양한 제품이 올라와 있으니 가기 전에 살펴보면 어떤 물건이 어느 정도 가격대인지 가늠할 수 있다.

PLUS 근처의 앤티크 숍

Pro Antiques "COM" 프로 앤티크스 컴
🏠 京都市中京区三条通高倉上がる東片町616 コムハウス01/02
☎ 075-254-7536 🕐 12:00-20:00

ANTIQUE belle 앤티크 벨레
🏠 京都市中京区姉小路通御幸町東入丸屋町334
☎ 075-212-7668 🕐 12:00-19:00

70B ANTIQUES
세븐티비 앤티크스

[산조도리]

🏠 京都市中京区三条通高倉東入桝屋町53-1-B1F
📍 35.00868, 135.76265
☎ 075-254-8466
🕐 11:00-20:00
🌐 seventy-b-antiques.com
Map → ③-D-2

1906년에 지어진 교토문화박물관, 1902년 지어진 나카교 우체국 등 근대건축물이 늘어선 산조도리 한복판에 있는 앤티크 숍. 70B라는 네온사인만으로는 어떤 물건을 파는 곳인지 알 수 없지만 입구에 어지럽게 놓인 옛날 창틀, 사다리 등에 이끌려 나도 모르게 지하로 내려가게 된다. 세븐티비 앤티크스에서는 1880년대~1960년대 제품을 중심으로 영국, 프랑스, 벨기에, 네덜란드, 미국 등 5개국의 앤티크를 들여온다. 산조도리의 매장 외에도 교토 역 남쪽인 카미토바구치 역 근처에도 창고와 쇼룸을 갖고 있는 서일본 최대의 앤티크 숍이다. 워낙에 대량으로 수입을 하다 보니 부담스럽지 않은 가격의 제품도 꽤 많은 편이다.

MUMOKUTEKI ANTIQUE&REPAIR
무모쿠테키 앤티크

[테라마치 상점가]

🏠 京都市中京区式部町261ヒューマンフォーラムビルB1F
📍 35.00652, 135.7667
☎ 075-277-7100
🕐 12:00-19:00 수 휴무
🌐 mumokuteki.com/antique
Map → ③-E-3

무모쿠테키 카페에서는 내 앞에 기다리는 사람이 스무 명 정도 있다고 해도 지루하거나 짜증나지 않는다. 1층의 잡화점과 지하 1층의 앤티크 매장을 둘러보다 보면 시간이 금방 지나가기 때문. 주로 유럽과 미국 쪽 앤티크를 취급하며 매장 한쪽에는 공방이 있어 오래된 물건을 직접 수리하기도 한다.

SOWGEN 四条店
소우겐 시조점

[시조카와라마치]

🏠 京都市中京区高宮町573
📍 35.0058, 135.76464
☎ 075-252-1007
🕐 11:30-19:30(마지막 주문 19:00) 둘째 주 수 휴무
🌐 sowgen.com
Map → ③-E-3

피스 호스텔 산조에 머물면 하루에도 몇 번씩 지나가게 되는 위치. 흡연이 가능하다는 입간판 때문에 몇 번을 들어갈까 말까 고민만하다가 말았다. 그러던 어느 날 숙소를 얼마 안 남겨두고 억수같이 쏟아지는 소나기에 정신 없이 뛰어 들어가게 됐는데 내부는 그야말로 별천지. 교토란 도시가 워낙에 오래된 물건의 천국이긴 하지만 단순히 일본의 오래된 물건뿐만이 아니라 국적불문, 용도불문 아름다운 오래된 물건이 어두운 실내를 가득 채우고 있었다. 단순히 매장 인테리어로 보이는 조명 하나조차 누군가의 손을 거쳐 온 물건들. 매장 안쪽은 카페 공간으로 흡연은 카페에서만 가능하다. 카페를 꾸미고 있는 물건도 모두 앤티크. 만약 교토에 살았다면 엄청난 소비를 해 버렸을지도 모를 일. 서울에 살고 있어 오히려 다행이다.

LIFE STYLE
곁에 두고픈 도자기

SIONE 銀閣寺本店
시오네 긴카쿠지본점   긴카쿠지

- 京都市左京区浄土寺石橋町29
- 35.02717, 135.79258   075-708-2545
- 11:30-17:30 화 휴무   sione.jp
- Map → ①-A-1

긴카쿠지에서 가장 가까운 버스 정류장인 긴가쿠지마에 정류장에서 3분 거리. 모든 사람이 향하는 긴카쿠지 방향이 아닌 반대 방향으로 조금 내려와 골목을 끼고 왼쪽으로 돌면 시오네 긴카쿠지본점이 나온다. 입구 옆의 커다란 창으로 햇빛이 쏟아져 들어오는 오후가 되면 인공조명이 없어도 실내가 환해진다. 시오네의 오리지널 도자기는 대부분 깨끗한 하얀 색. 화려한 작품은 아니지만 작은 도자기 하나를 통해 일상생활 속에서도 예술을 느낄 수 있도록 만들었다. 눈에 띄는 건 '도자기 책器の本'. 시오네의 콘셉트인 '읽는 도자기読む器'를 그대로 상품으로 재현했다. 책 모양의 상자를 펼치면 왼쪽에는 이야기가 쓰여 있고 오른쪽에는 그에 어울리는 접시가 하나 들어있다. 작은 정원이 보이는 카페 공간도 있고 메뉴는 전부 시오네의 오리지널 도자기에 담겨 나온다.

STOCK うつわ・工藝
스톡 우츠와・코게   키타노텐만구

- 京都市北区大将軍東鷹司町163
- 35.02301, 135.73203
- 075-406-0012   13:00-19:00 화 수 휴무
- Map → ②-A-2

키타노텐만구에서 JR 엔마치 역까지 걸어가는 중간에 우연히 발견한 가게. 이런 멋진 공간을 우연히 발견할 수 있다는 것도 교토의 매력 중 하나다. 메가시티 도쿄에 지쳐 교토로 내려오고 나서야 그동안 자신들이 얼마나 바쁘게 살아왔는지 알게 됐다는 사토 씨 부부. 교토에서는 자신들의 속도에 맞추어 가게를 꾸려가고 있는 중이다. 가능하면 공방까지 가서 창작자와 교류를 한 후에 도자기를 들여오고 근처의 작은 가게들과도 꾸준히 교류를 하고 있다. 매장에 있는 도자기를 보고 그들의 심미안이 얼마나 뛰어난지 알고 있었지만 추천해준 공간들도 하나같이 다 센스 넘치는 공간이었다. 지역주민들이 방문하는 숨어있는 명소를 알고 싶다면 스톡으로 가보자.

급하게 후루룩 마시고 자리를 뜨는 커피 스탠드에서 사용하는 잔조차 허투루 보이지 않는다. 사케 전문점에서는 새로운 술을 주문할 때마다 다른 잔에다가 술을 내어준다. 교토에서 도자기는 유리 너머에 있는 전시용이 아니다. 아침에 눈을 뜨는 순간부터 잠들기 전까지 함께하는 일상용품일 뿐.

若葉屋
와카바야   〔산조도리〕

- 京都市中京区三条通西洞院西入塩屋町53
- 35.00844, 135.75476
- 075-221-0467 ⏰ 10:00-19:00 수 휴무
- wakabayakyoto.com
- Map → ② - B - 3

시조도리와 함께 교토에서 사람이 가장 많이 다니는 길인 산조도리. 중심에선 살짝 벗어났지만 걸어서 2분 거리에 유명한 팬케이크 카페가 있어 여행자도 쉽게 찾을 수 있는 위치이다. 와카바야는 할머니가 운영하던 화장품 가게의 이름을 물려받아 태어났다. 매장 안을 가정집처럼 꾸며놓은 이유는 깔끔하게 장식된 모습이 아닌 실제로 집에서 쓸 때 어떤 느낌인지 보여주고 싶었기 때문. 매장에 있는 소파나 서랍장 중 일부는 실제 집에서 사용하던 물건이다. 주인 다카야마 씨의 숙부는 교토를 중심으로 활동하는 도예가인데 매장에서 가장 눈에 띄는 자리에는 숙부의 작품이 놓여있다.

PLUS
뜨거운 교토의 여름, 도자기 축제를 보러가자!

五条坂陶器まつり 고조자카 도자기 마츠리

키요미즈데라로 향하는 언덕 중 하나인 고조자카에는 예부터 도자기 가마가 유독 많이 모여 있었다. 그래서 이 부근에서 만들어진 도자기를 키요미즈야키 清水焼라 부르게 됐고 지금은 키요미즈야키를 떠올릴 정도로 유명해졌다. 시대가 변하며 많은 가마들이 외곽으로 이사를 가거나 없어졌지만 여전히 교토 도자기의 성지인 고조자카에서 매년 8월 7일부터 10일까지 전국에서도 유례를 찾을 수 없는 규모의 도자기 축제가 열린다. 축제 기간 동안 4백여 개가 넘는 가판들이 이 일대를 가득 메운다. 평소보다 30~50% 정도 저렴한 가격으로 도자기를 구매할 수 있어 지갑이 가벼운 여행자라도 부담 없이 '득템'할 수 있는 기회. 키요미즈야키의 발상지라고 쓰인 기념비가 있는 와카미야하치만구若宮八幡宮社에서 시작하는 키요미즈야키로 장식한 미코시 순행 등의 행사도 볼거리다.

- 개최시간 09:00-22:00 (우천 시에도 진행)
- toukimaturi.gr.jp

HOTOKI
호토키   〔코쿠사이 카이칸 역〕

- 京都市左京区岩倉西五田町17-2
- 35.06503, 135.7789
- 075-781-1353
- 금 토 일 공휴일 10:00-18:00
- hotoki.jp Map → ⑤ - E - 1

주변에 딱히 볼거리가 없고 카미가모 신사와 슈가쿠인리큐의 중간쯤이라는 애매한 위치라 찾아가기 번거롭지만 막상 가보면 멀리 발걸음을 한 보람이 느껴지는 공간이다. 1층은 공방, 2층은 소매점과 카페. 맑은 날이면 2층의 커다란 창으로 해가 들어와 도자기들을 환하게 비춰준다. 여러 작가의 작품이 있지만 역시나 눈에 띄는 건 호토키의 오리지널. 특히 누워있는 개 모양을 한 수저받침은 사오지 못한 것이 두고두고 아쉽기만 하다. 소매점 안쪽에 있는 카페에서는 1층 공방이 훤히 내려다보인다. 카페에서 사용하는 그릇은 전부 호토키의 오리지널 제품!

LIFE STYLE

일상 생활을 조금 더 풍성하게
라이프스타일 숍

센스 있는 주인이 고민 끝에
하나하나 고른 물건이 모여 있다면
굳이 가게가 넓을 필요도 없다.
우리의 일상생활을 조금 더 풍성하게
해줄 물건들이 가득한 공간으로
떠나는 여행.

器と暮しの道具店 おうち
오우치 　　　　　　　　　헤이안 신궁

살림살이에 대한 책을 3권이나 낸 안주인 치에 씨의 센스가 반짝이는 잡화점. 해도 티 안 나고 안 하면 티 나는 집안일을 어떻게 하면 좀 더 즐겁게 할 수 있을까를 고민하며 고른 도구들, 창작자와 인연을 맺고 직접 사용해본 후 들여온 그릇들이 오래된 목조 가옥을 개조해 만든 가게의 적재적소에 놓여 유용하게 사용해줄 주인을 기다리고 있다.

🏠 京都市左京区岡崎北御所町50-1
📍 35.01687, 135.78478　☎ 075-751-7550
🕐 10:30–16:00 월 목요일 휴무
🏡 ouchiinfo.exblog.jp　Map → ①-B-2

北白川ちせ
치세 　　　　　　　　　긴카쿠지

치세는 홋카이도의 원주민 아이누 족의 말로 집이라는 뜻이다. 소품 하나로 일상의 시간이 조금 더 특별해졌으면 하는 바람으로 운영하고 있다. 평소에는 1층에서 쿠키나 잼, 유기농 채소 등 먹거리와 인테리어 소품 등을 판매하고 2층에서 도자기, 유리 제품, 액세서리 등을 판매한다. 2층에선 수시로 전시회를 여는데 단순히 아름다운 물건이 아니라 아름다우면서 생활에 쓸모 있는 물건 위주로 전시한다.

🏠 京都市左京区北白川別当町28　📍 35.03082, 135.79133
☎ 075-746-5331　🕐 11:00–18:00 수 목요일 휴무
🏡 chise.in　Map → ①-A-2

HISOCA
히소카 　　　　　　　　　교토 고쇼

교토 고쇼의 서쪽 아주 좁은 골목에 그야말로 '히소카니密かに(가만히 혹은 몰래)' 놓여있는 히소카. 파리 거주 경험이 있는 카와이 씨가 국적도, 오래된 것과 새것도 따지지 않고 그만의 심미안으로 들여온 물건이 가득하다. 모든 물건에는 하나하나 이야기가 담겨있어 손님이 관심을 보이면 창작자 혹은 그 물건을 만나게 된 계기에 대해 맛깔나게 설명해준다. 정말 눈에 띄지 않는 골목에 있어 주의하지 않으면 그냥 지나치기 십상이다. 교토 고쇼 주변에 간다면 눈을 크게 뜨고 입간판을 찾아보자.

🏠 京都市上京区櫟木町通烏丸西入養安町242-91F
📍 35.01827, 135.759　☎ 075-202-3574
🕐 11:00–19:00 일, 공휴일 휴무
🏡 hisoca-kyoto.tumblr.com　Map → ②-B-2

COMMUNITY STORE TO SEE
커뮤니티 스토어 투 씨   `교토 고쇼`

교토에서 태어나 50년 가까이 교토에서 살아온 뼛속까지 교토 사람인 사진가 나카지마 씨가 자신의 스튜디오 건물 1, 2층에 문을 연 카페 겸 갤러리. 가게 이름을 커뮤니티 스토어라고 한 이유는 서로 모르는 사람이 이 공간에서 만나 새로운 인연을 만들고 재미있는 일을 꾸미길 바랐기 때문. 1층에서 파는 상품은 대부분 나카지마 씨와 인연이 있는 창작자가 만들었는데 사진가의 눈으로 고르고 고른 물건은 상품이라기보다는 작품에 가깝다.

京都市中京区衣棚通竹屋町上ル玉植町244
35.00165, 135.75709 ☎ 075-211-7200
⏱ 11:00~19:00 화 휴무 핸드드립 커피 ¥540
🏠 t-o-s-e-e.jp Map → ②-B-2

木と根
키토네   `시조 역과 고조 역 중간`

삽화섬과 작은 기페기 한 공간에 있는 키토네. 2005년 원래 창고였던 지금의 자리에서 시작해 지금은 외국인 여행자도 일부러 찾아갈 정도로 유명해졌다. 도자기를 중심으로 옷, 나무도마, 식탁보, 왕골바구니 등 다루는 제품의 종류는 많지만 대량 생산하는 제품이 아니라 모든 물건이 한 두 개 뿐이다.

京都市下京区燈籠町589-1 34.99929, 135.76079
☎ 075-352-2428 ⏱ 12:00~18:00(마지막 주문 17:00)
수목 휴무 🏠 kitone.jp Map → ②-B-3

D&DEPARTMENT KYOTO BY 京都造形芸術大学
디앤디 교토   `시조 역과 고조 역 중간`

'롱 라이프 디자인'을 테마로 일본 전국 47개의 도도부현에 거점을 둔 디앤디파트먼트의 교토점. 어디서든 그 '지역다움'을 추구하는 디앤디파트인만큼 교토의 거점은 8백 년이 넘는 역사를 가진 붓코자仏光寺의 경내에 있다.

京都市下京区高倉通仏光寺下ル新開町397本山佛光寺内
35.00018, 135.76264 ☎ 075-343-3217
⏱ 10:00~18:00 수 휴무 🏠 www.d-department.com
Map → ③-D-4

職人.COM
쇼쿠닌닷컴   `산조도리`

상호인 쇼쿠닌은 한자 '직인'의 일본어 발음으로 우리나라의 장인匠人을 뜻한다. 상호 그대로 일본의 장인이 심혈을 기울여 만든 좋은 물건을 전 세계의 여행자가 모이는 도시 교토에서 소개, 판매하고 있는 곳이다(본사와 쇼룸, 두 군데에 매장이 있는데 그 중 산조 쇼룸三条쇼룸이 접근성이 좋다). 쇼룸엔 항상 80점 정도의 제품이 진열되어 있고, 재고가 없다면 온라인으로 구매한 후 해외배송(배송비 일괄 2천8백엔)을 받을 수 있다.

京都市中京区中之町20SACRAビル1F
35.00875, 135.76487 ☎ 075-415-0023
⏱ 12:00~18:00
🏠 www.shokunin.com/kr Map → ③-E-2

MASTER RECIPE 京都祇園店
마스터 레시피 교토기온점   `기온`

마스터 레시피는 인테리어 브랜드인 '프랑프랑' Francfranc이 2017년 하반기부터 새롭게 운영하는 브랜드. 프랑프랑 일부 매장에서 '숍 인 숍' 형태로 영업을 하다가 2018년 11월에 교토 기온에 첫 단독 매장을 열었다. 하나미코지의 번잡함이 한풀 꺾이는 골목 귀퉁이에 자리 한 2층짜리 마치야를 단장한 매장은 천장이 2층까지 뚫려 있어 시원한 느낌을 주고 1718년에 문을 연 교토의 노포 하쿠치쿠도白竹堂의 부채가 모빌처럼 매달려 있다. 일본을 중심으로 아시아, 유럽의 장인이 만든 다양한 공예품을 다루고 있으며 가격대는 높은 편이다. 마스터 레시피의 자체 제작 상품도 판매한다.

都市東山区祇園町南側570-125
35.00327, 135.77585 ☎ 075-551-7100
⏱ 11:00~19:00
🏠 masterrecipe.jp Map → ①-D-3

日東堂
닛토도   `키요미즈데라`

키요미즈데라로 올라가는 언덕에 위치한 닛토도는 조금 독특한 가게다. 일명 '고로고로코로코로'라고 불리는 청소도구인 테이프 클리너를 개발한 회사인 니토무즈ニトムズ에서 운영하는 곳으로 옛 공예품이 가진 우수함뿐만 아니라 현재 일본의 기술력을 느낄 수 있는 편리한 일상용품을 함께 다루고 있다. 1층 소매점에는 니토무즈의 대표 상품인 테이프 클리너부터 주방용품, 문방구 등 얼핏 보면 아무 연관이 없어 보이지만 꼼꼼히 들여다보면 '예쁘기만 한 게 아니라 사용하기도 편한' 제품을 판매하고 있다. 한가운데 유리로 둘러싸인 다실이 있는 2층은 카페 공간. 1층에서 주문한 후 올라가면 된다. 탁 트인 창 밖으로 일명 '야사카의 탑'으로 불리는 호칸지法観寺가 한눈에 들어온다.

京都市東山区八坂上町385-4
34.99832, 135.77922 ☎ 075-525-8115
⏱ 10:00~18:00 🏠 nittodo.jp/en Map → ①-E-3

LIFE STYLE

학문의 도시 서점 탐방

교토는 총 인구 중 대학생 비율이 일본에서 가장 높은 학문의 도시다. 그래서일까. 발길 닿는 곳마다 멋진 서점들이 시선을 사로잡는다. 일본어를 하지 못하는 사람이라도 즐길 수 있는 교토의 서점을 소개한다.

1.
ホホホ座
호호호자

철학의 길

벽에서 진짜 자동차가 불쑥 튀어나온 입구가 인상적이었던 '가케쇼보'가 사라지고 그 자리에 들어온 책방이 호호호자. 1층은 신간 서적, 2층은 헌책과 잡화를 파는 공간이다. 일본어를 모르는 외국인이라도 재밌게 볼 수 있는 책도 꽤 많고 책과 어울리는 잡화를 고른 솜씨도 보통이 아니다. 산조대교 부근에는 카페와 함께 운영하는 호호호자 산조오하시점이 있다.

京都市左京区浄土寺馬場町71 ハイネストビル1F,2F
35.02323, 135.79278　075-741-6501
1층 11:00~20:00, 2층 11:30~19:00
hohohoza.com　Map → ①-B-1

2.
山崎書店
야마자키 서점

헤이안 신궁

매력적인 중년신사 야마자키 씨를 만날 수 있는 야마자키 서점. 교토에서 나고 자라 고향에 대한 애정이 남다른 그는 직접 교토 헌책방 지도를 만들기도 했다. 홈페이지 주소부터 그 아우라가 남다르고 실제 서점은 서점이라기보다는 고서 박물관 같다. 일본을 대표하는 책의 거리인 진보초에서도 쉽게 구할 수 없을 것 같은 고서와 예술서는 야마자키 씨가 직접 일본 전국과 전 세계를 돌아다니면서 구해왔다. 그가 고른 책을 사기 위해 외국에서 일부러 찾아오는 경우도 많다고 한다.

京都市左京区岡崎円勝寺町91-18
35.01106, 135.7834　075-762-0249
12:00~18:00 월 휴무　www.artbooks.jp
Map → ①-C-2

3.
マヤルカ古書店
마야루카 고서점 `이치조지 역`

밝고 경쾌한 성격의 주인 나카무라 씨가 좋아하는 물건을 잔뜩 모아놓은 장난감 상자 같은 공간이다. 그중에서도 유독 눈에 띄는 건 매장 구석구석을 장식하는 다양한 디자인의 코케시 인형. 하나하나 다 손으로 만들었다. 1층에서는 헌책과 소품을 판매하고 2층에서는 다양한 전시회가 열린다. 케이분샤 이치조지점과 가깝기 때문에 함께 보면 좋다.

🏠 京都市左京区一乗寺大原出町23-12
📍 35.04179, 135.78589
🕐 11:00-18:00 금 휴무
🏠 mayaruka.com
Map → ⑤-E-2

4.
京都岡崎 蔦屋書店
교토오카자키 츠타야 서점 `헤이안 신궁`

새로운 경험을 하기 위해 여행을 떠나지만 여행을 하다보면 익숙함이 그리울 때가 있다. 그럴 때마다 찾는 공간이 바로 츠타야 서점. 다른 츠타야 서점과 마찬가지로 스타벅스와 협업을 했고 교토에 있는 츠타야 서점답게 교토를 다룬 책이 유난히 많다. 뒤편으로는 헤이안 신궁이 있고 오른쪽으로는 오카자키 공원이 넓게 펼쳐져 있어서 맑은 날에는 책 한 권, 음료 한 잔 사들고 공원에서 시간을 보내기에도 좋다.

🏠 京都市左京区岡崎最勝寺町13
📍 35.01395, 135.78125
☎ 075-754-0008
🕐 08:00-22:00
Map → ①-C-3

5.
京都 天狼院
교토 텐로인 `켄닌지`

도쿄에서 시작해 엄청난 속도로 성장하고 있는 텐로인 서점의 교토점. 사무실 근처에 있는 도쿄 이케부쿠로점에서부터 지역에 어울리는 책 선정과 이벤트로 관심을 모았고 교토에서도 마찬가지. 교토 텐로인은 교토만의 특색을 잘 살려 사람들을 불러 모은다. 오래된 목조 가옥을 개조해서 1층은 서점, 2층은 카페로 운영한다. 한쪽 서가엔 교토에 관한 책만 따로 모아놓았고 종종 근처에서 일하는 게이코, 마이코를 불러 사진 촬영 이벤트도 연다. 2층 카페의 창가에 앉으면 오래된 거리의 모습을 한눈에 내려다 볼 수 있다.

🏠 京都市東山区博多町112-5
📍 35.00171, 135.77254
☎ 075-708-3930
🕐 10:00-22:00
Map → ①-E-4

6.
FABULOUS
파뷰러스 `산조도리`

근대 건축물과 앤티크 숍이 모여 있는 산조도리에 있는 맨션 4층. 과연 여기 책방이 있을까 싶지만 확실히 있다. 그것도 엄청나게 취향이 확실한 책방이. 록 음악과 영화를 좋아하는 책방지기 아키야마 씨가 엄선한 책과 잡화가 붉은 색을 기조로 한 실내에 빼곡하게 들어차있다. 아키야마 씨는 한국 영화와 음악에도 관심이 많은 편이라 우리나라에선 구하지 못하는 의외의 자료를 여기서 구할 수 있을지도 모른다. 서브 컬처에 관심이 있다면 한번 들러볼만하다.

🏠 京都市中京区菱屋町36プラザコラムビル401 📍 35.00846, 135.76151
☎ 075-255-6099 🕐 11:00-19:00 목 휴무 Map → ③-D-2

SHOPPING

쇼핑몰 & 드러그 스토어

소소하고 작은 가게만 있을 것 같은 교토.
하지만 알고 보면 일본에서 네 번째로 큰 도시로
유명 백화점과 대형 쇼핑몰이 교토 역과 시조카와라마치 주변에
모여 있어 쇼핑하는데 전혀 불편함이 없다.
다만 출국할 때의 가방 무게가 조금 신경 쓰일 뿐...

> **TIP**
> 일본 전국 어디에서든 'JAPAN TAX FREE' 스티커가 붙어있는 상점에선 한 번에 5,400엔 이상 구매하면 8%의 소비세를 돌려받을 수 있다. 5,400엔이라면 400엔을 돌려받을 수 있는 것. 세금 환급을 받기 위해서는 반드시 여권을 소지해야 한다. 대부분의 상점은 계산할 때 아예 세금이 포함되지 않은 가격으로 결제를 하고 백화점, 대형 쇼핑몰 등에서는 우선 결제를 한 후에 별도의 카운터에서 세금 환급 절차를 밟으면 된다. 결제할 때 여권에 붙여준 영수증은 귀국할 때 출국심사 직전에 세관에 제출하면 된다. 따로 물건을 보여줄 필요는 없으며 옷이나 신발 등 비소모 상품은 여행 중에 사용해도 괜찮지만 식품, 약 등 소모성 상품은 귀국할 때까지 포장을 뜯으면 안된다.

PLUS

JR 京都 ISETAN `교토 역`
JR 교토 이세탄

교토 역과 바로 연결되어 있는 최적의 위치.
여행 마지막 후다닥 기념품을 사기에 좋다.

- 京都市下京区烏丸通塩小路下ル東塩小路町電話番号
- 34.98606, 135.75811
- 075-352-1111
- 10:00~20:00
- kyoto.wjr-isetan.co.jp
- Map → ⑥-E-3

KYOTO AVANTI `교토 역`
교토 아반티

교토 역 남쪽에 있는 쇼핑몰. 애니메이션과 게임 관련 제품을 취급하는 애니메이트와 돈키호테가 입점해있다.

- 京都市南区東九条西山王町31
- 34.98352, 135.76018
- 075-682-5031
- 10:00~21:00 식당가 11:00~22:00
- 돈키호테 08:00~24:00
- Map → ⑥-E-3

大丸京都店 다이마루 교토점 `시조타카쿠라`

1717년 개업한 오랜 역사를 지닌 백화점.

- 京都市下京区四条通高倉西入立売西町7
- 35.00428, 135.762
- 075-211-8111
- 10:00~20:00
- 8층 식당가 11:00~20:00(마지막 주문 19:30)
- Map → ③-D-3

京都高島屋 교토 타카시마야 `시조카와라마치`

일본 전국에 지점을 둔 백화점 타카시마야의 교토점.

- 京都市下京区四条通河原町西入真町52
- 35.00315, 135.76821
- 075-211-8111
- 10:00~20:00
- 7층 식당가 11:00~21:30
- Map → ③-F-3

マツモトキヨシ 京都三条河原町店
마츠모토키요시 산조카와라마치점

`산조도리`

일본에 가장 많은 지점을 갖고 있는 드러그 스토어 체인. 교토 시내 곳곳에도 지점이 있다. 다른 드러그 스토어 체인에 비해 가격이 조금 비싼 편.
- 京都市中京区河原町通三条下る大黒町32
- 35.00858, 135.76875 ☎ 075-253-6117
- 10:00-22:00 Map → ③-F-2

MINA KYOTO 미나 쿄토

`카와라마치도리`

로프트, 유니클로, 고디바, 모마 디자인스토어 등이 입점해있다.
- 京都市中京区河原町通三条下ル大黒町58
- 35.00779, 135.76864
- 11:00-21:00
- 7층 식당가 11:00-23:00(마지막 주문 22:00)
- Map → ③-F-2

京都BAL 쿄토 발

`카와라마치도리`

백화점을 제외하고 쿄토에서 제일 고급스런 분위기의 쇼핑몰. 콘란 숍, 무인양품 등이 입점해있다.
- 京都市中京区河原町通三条下ル山崎町251
- 35.00689, 135.76956 ☎ 075-253-1599
- 11:00-20:00, 마루젠 서점 11:00-21:00 Map → ③-F-2

京都マルイ 쿄토 마루이

`시조카와라마치`

타카시마야나 다이마루보다는 조금 더 캐주얼한 쇼핑몰.
- 京都市下京区四条河原町東入真町68
- 35.00348, 135.76973
- ☎ 075-257-0101 10:30-20:30 지하 1층 슈퍼마켓 08:00-22:00
- Map → ③-F-3

スギ薬局 四条河原町店
스기 약국 시조카와라마치점

`시조카와라마치`

역시 일본 전국에 지점이 있다. 쿄토 시내에선 시조카와라마치점이 규모가 가장 크다.
- 京都市中京区河原町通蛸薬師下る塩屋町343-1
- 35.00512, 135.76898
- ☎ 075-708-7441 09:00-23:00
- Map → ③-F-3

SHOPPING

교토의 기억을 간직할 기념품

다른 도시에서도 구할 수 있는 흔한 기념품은 사절!
이왕 교토까지 왔으니 교토에 뿌리를 둔, 교토의 기억을
고스란히 갖고 돌아갈 수 있는 기념품을 만나보자.

UCHU WAGASHI 寺町店
우추 와가시 테라마치점

〔교토 고쇼〕

⊙ 京都市上京区寺町通丸太町上ル信富町307
☏ 35.01808, 135.76741 ☎ 075-754-8538
⏰ 10:00-18:00 금 토 일 공휴일 10:00-18:00
🛍 교토모노가타리 ¥1,080
🏠 uchu-wagashi.jp
Map → ②-C-2

'지금의 와가시를 만들어 백 년 후에는 문화가 되게 하자'를 목표로 하나하나 손으로 정성스럽게 만드는 와가시는 그 귀여운 만듦새 덕분에 먼저 눈이 즐겁다. 우추 와가시의 와가시는 곡물가루와 설탕을 섞어 만드는 라쿠간落雁으로 시코쿠에서 생산하는 고급 설탕인 와산본和三盆을 듬뿍 사용한다. 입에 넣었을 때 첫맛은 매우 달게 느껴지지만 깨물지 않아도 스르르 혀 위로 녹아들어 어느새 부드러운 단맛이 된다. 교토 타워 1층에도 지점이 있다.

PETIT Á PETIT
프티 타 프티

〔교토 시청〕

프랑스어 'petit á petit'는 영어로 'little by little', 우리말로는 조금씩, 천천히라는 뜻이다. 종이에 그려진 원화를 천에 옮기고 그 천으로 각 분야의 장인이 하나씩 상품을 만들어내는 프티 타 프티에 잘 어울리는 이름이라고 할 수 있다. 여러 가지의 오리지널 문양이 있는데 그 중에서도 산으로 둘러싸인 분지인 교토를 떠올리게 하는 'Les Montagnes' 시리즈는 특히 인기 있는 문양이다.

⊙ 京都市中京区寺町通夷川上ル藤木町32 ☏ 35.01491, 135.7674 ☎ 075-746-5921
⏰ 10:30-18:30 목 휴무 🛍 코스터 ¥615, 손수건 ¥1,782 🏠 petit-a-petit.jp
Map → ②-C-2

京東都 本店
쿄토토 본점

〔키요미즈데라〕

브랜드 이름에 2개의 도시가 들어있다. 일본의 전통을 대표하는 도시 교토, 그리고 일본의 지금을 상징하는 도시 도쿄. 교토에서 발견한 일본 전통 자수제품을 도쿄에 보여주고 결국에는 전 세계에 알리겠다는 의지가 이름에 담겼다. 본점은 그리 넓은 편이 아니지만 다루고 있는 제품의 크기가 워낙 작기 때문에 종수는 엄청나게 많은 편이다. 와펜만 해도 수백 종류에 이른다. 갓난아기 손바닥보다 작은 와펜에 일본의 전통이 고스란히 담겨있다. 와펜을 고르면 그 자리에서 반지나 귀걸이 등의 액세서리로 만들어주는 서비스도 있다.

⊙ 京都市東山区星野町 93-28
☏ 34.99854, 135.77814
☎ 075-531-3155
⏰ 11:00-18:00 부정기 휴무
🛍 와펜 ¥410~
🏠 kyototo.jp
Map → ①-E-3

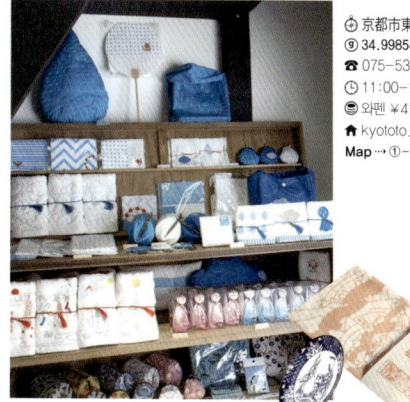

よーじや 本店
요지야 본점 〔시조카와라마치〕

교토의 기념품이라면 역시 요지야의 기름종이를 빼놓을 수 없다. 1904년에 개업했고 기름종이는 1920년부터 판매했다. 처음에는 얼굴을 다 덮을 정도의 크기였으나 개량을 거듭한 결과 지금의 크기와 형태가 되었다. 교토의 마이코 상, 게이코 상에게 사랑받기 시작해 점점 입소문이 퍼져나간 결과 지금은 교토를 방문하는 사람이라면 누구나 한 번은 들르는 장소가 되었다. 그쯤 되면 전국으로 지점을 낼 법도 한데 교토와 공항 면세점 외에는 오사카에 지점이 하나 있을 뿐이다. 이런 태도는 교토 화장품으로서 요지야의 입지를 더욱더 굳건히 하는 결과로 나타났다.

⊙ 京都市中京区新京極花遊小路
☎ 075-221-4626　⊕ 11:00-19:00
⊛ 기름종이 5매 세트 ¥1,810
⌂ www.yojiya.co.jp　Map → ③-E-3

竹笹堂
타케자사도 〔카라스마 역〕

1891년 목판 인쇄 공방으로 시작한 타케자사도. 지금은 오리지널 상품 제작을 비롯해 오래된 목판화를 조사하고 복원하는 일, 목판화 워크숍 등 목판 인쇄에 관한 일이라면 무엇이든 하고 있다. 회사의 규모에 비하면 굉장히 아담한 크기의 매장에는 타케자사도의 오리지널 제품이 가득하다. 목판 인쇄라고 하면 종이에 찍는 것만 생각하기 쉬운데 수건, 가방 등 여러 가지로 응용이 가능하다. 계절이 바뀔 때, 기온 마츠리와 같이 교토에 큰 행사가 있을 때는 특별한 디자인의 제품을 내놓는다.

⊙ 京都市下京区綾小路通西洞院東入ル新釜座町737
⊛ 35.00292, 135.75569
☎ 075-353-8585
⊕ 11:00-18:00 수 휴무
⊛ 엽서 ¥378　takezasa.co.jp
Map → ②-B-3

THE SOUVENIR STORE® 御幸町店
더 수비니어 스토어 고코마치점 〔테라마치 상점가〕

교토엔 전통 문양이 담긴 혹은 장인이 만든 기념품이 있다고 생각하면 오산. 뮤지엄 오브 교토 고코마치에는 'I♥NY'와 같은 느낌의 교토 기념품이 모여 있다. 티셔츠, 스마트폰 케이스, 에코백, 모지 등등 여기도 저기도 알파벳으로 KYOTO라고 쓰인 제품들이 잔뜩.

⊙ 京都市中京区御幸町六角下ル伊勢屋町348
⊛ 35.00678, 135.76626
☎ 075-251-0704
⊕ 11:00-20:00
⊛ 교토 시티 에코백 ¥1,080
⌂ tshirt.kyoto
Map → ③-E-2

裏具
우라구 〔켄닌지〕

⊙ 京都市東山区宮川筋4丁目297
⊛ 35.00005, 135.77125
☎ 075-551-1357
⊕ 12:00-18:00 월 휴무
(공휴일인 경우 영업, 다음날 휴무)
⊛ 마메모 ¥378　uragu.com
Map → ①-E-4

연말연시, 절기마다 여전히 손으로 쓴 편지나 엽서를 건네고 축의금을 보낼 때는 그날을 위한 특별한 봉투를 따로 준비하는 일본 사람들. 일본에서는 종이로 만든 제품이 사랑받을 수밖에 없다. 2006년 켄닌지 근처의 좁은 골목에 있는 찻집을 개조해 만들었고 지금은 키요미즈데라 근처, 교토국립박물관 근처에까지 지점을 냈다. 모든 제품은 우라구 오리지널 디자인. 대표 상품은 가로 3.8cm, 세로 7.5cm의 작은 크기의 메모장인 마메모 마메모. 종이 제품 외에 수건이나 도자기도 판매한다.

ばんてら
반테라 〔테라마치 상점가〕

나무로 만든 제품을 모아놓은 반테라. 그 중에서도 대나무로 만든 제품이 특히 많은데 몇 만 엔짜리 바구니부터 몇 백 엔짜리 마그넷이나 책갈피까지 있다. 모든 제품을 하나의 작품처럼 보이도록 공들여 진열해놓았다. 매장 가장 안쪽에는 다다미방을 그대로 재현해 제품이 일상생활로 들어왔을 때는 어떤 모습인지 상상을 할 수 있도록 만들어뒀다.

⊙ 京都市中京区御幸町通錦小路上る船屋町373-3
세자루 御幸町1F　☎ 075-223-3883
⊕ 11:30-18:30　⊛ 책갈피 ¥320
⌂ www.takano-bamboo.jp　Map → ③-E-2

SHOPPING

교토의 흔적들

퍼펙트 휩도 담고 휴족시간도 담았다. 곤약젤리와 자가리코도 장바구니가 넘칠 만큼 눌러 담았다.
그런데 이상하기도 하지. 영 마음이 가지 않는다. 어느 도시에서나 다 살 수 있는 그런 물건들보다는
교토에서만 살 수 있는 교토의 향기가 짙게 배어 있는 물건들이 역시 더 좋다.
그렇게 한국으로 돌아와 교토를 추억한다.

교토의 맛

이노다 코히 드립백 ¥720
이노다 코히의 시그니처인 '아라비아의 진주'를 집에서 간편하게 즐길 수 있게 해준 고마운 드립백

츠지리헤이혼텐 교토우지본점 녹차파우더 ¥540
프랜차이즈에서 파는 녹차파우더보다 몇 만 배 맛있다고 장담한다.

카카오365 차노카 ¥680
기온점만의 귀여운 패키지. 진한 녹차맛과 달콤한 화이트 초콜릿의 조화가 입안에 오래 남는다.

츠지리헤이혼텐 교토우지본점 교쿠로 티백 ¥540
지금까지 마셔본 녹차 티백 중 단연 최고.

산토리 증류소 히비키 17년 미니어처와 초콜릿 ¥1,811
최근 가격이 계속 오르고 있는 히비키 17년이라니! 게다가 귀여운 초콜릿 패키지까지.

카카오365 초콜릿 ¥972
역시나 기온점 한정인 매일매일 바뀌는 초콜릿. 1년 365일을 다 모으려면 교토에 살아야겠지?

신사와 사찰

산젠인 향주머니 ¥972
상쾌한 숲의 향이 담겨있는 향주머니.

킨카쿠지 탄생화 오마모리 ¥600
탄생석도 아니고 별자리도 아니고 탄생화. 7월의 탄생화인 백합의 꽃말은 순진하고 순수한 사랑.

산주산겐도 휴대폰 액세서리 ¥600
휴대폰 액세서리를 달고 다니는 사람이 얼마나 있다고. 하지만 이 귀여운 동자승의 미소를 어찌 그냥 두고 가리!

항상 곁에 두고픈 작은 물건들

쿄토토 테루테루보즈 손수건 ¥918
여행 중에 날씨 운이 썩 좋은 편은 아니다.
맑은 날씨를 바라며 테루테루보즈를 챙긴다.

우라구 마메모 ¥378
휴대폰이 아닌 종이에 남기는 기록은 어쩐지
더 오래 기억될 것만 같다.

우라구 책갈피 ¥324
여러 권의 책을 동시에 읽는
나에게 꼭 필요한 책갈피.

프티 타 프티 코스터 ¥923
교토를 둘러싼 산을 모티프로 한
'Les Montagnes' 시리즈의 코스터.

요지야 오샤레세트 ¥594
내 인생 최고의 기름종이인
요지야의 기름종이.

타이무도 메모지 ¥450
색으로 기억되는 교토.
진한 보라색은 오타 신사에 핀 붓꽃의 색이다.

고양이 집사 꿈나무의 쇼핑

타케자사도 손수건 ¥1,080
쓸 때마다 기분 좋아지는
고양이 프린트 손수건.

반테라 마그넷 ¥540
대칭을 이루고 있는 고양이는 마그넷도 되지만
딱 붙여 책상에 세워놓아도 예쁘다.

키타노텐만구 골동품 시장 고양이 인형 ¥1,250
'나만 없어 고양이'의 설움을
이렇게라도 달래본다.

와카바야 젓가락 받침 ¥1,080
다카야마 씨의 숙부가 만든
작품 중에 골라보았다.

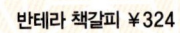

반테라 책갈피 ¥324
역시나 취향 타는 고양이 책갈피.

PLACES TO STAY

교토는 오사카에 여행 온 김에 당일치기로 찍고 가도 되는 도시가 결코 아니다.
시간을 들여 천천히 다가가야 그 진짜 매력을 알 수 있는 교토.
당신이 꼭 교토에 머무르길 바라며 소개하는 특별한 숙소들.

1
HOTEL

2
DESIGN & INEXPENSIVE

3
RYOKAN

4
GUESTHOUSE

5
HOSTEL

교토 숙소

CHECK! 책에 나온 숙소들은?
매일 숙소를 옮기는 강행군을 마다않고 50여 군데의 숙소에 묵어본 후에 고르고 골랐다. 제일 중요하게 생각한 사항은 바로 청결 또 청결. 그 다음이 위치, 마지막으로 가격대를 고려했다.

숙소 정하기 A to Z

STEP 1
예산은 얼마가 좋을까?

'저렴하다'의 기준은 사람마다 다르지만 교토는 숙박비의 최저 기준이 저렴한 도시는 아니다. 호스텔, 게스트하우스의 다인실이 2,500~3,500엔 정도. 하지만 비즈니스호텔이나 특급 호텔의 경우 일본 다른 도시와 비교했을 때 결코 비싸지 않다. 비즈니스호텔과 디자인 호텔은 5,000~1만 엔 정도. 특급 호텔은 3만 엔 이상. 벚꽃 시즌과 단풍 시즌엔 가격이 조금 올라간다.

STEP 2
위치는 어디가 좋을까?

시가지가 작고 시 버스가 골목골목까지 다니기 때문에 다른 도시에 비해 숙소 위치 선정이 그다지 어렵지 않다. 교통의 요지는 교토 역과 시조카와라마치 근처. 이 근처에는 늦게까지 영업하는 술집이나 음식점도 많다. 킨카쿠지나 긴카쿠지 근처 등 시내의 북쪽 지역도 워낙 여행자가 많이 찾기 때문에 교통편이 불편하진 않지만 시내 중심까지의 이동시간을 생각해야 한다.

STEP 3
내 여행 스타일에 맞는 숙소는?

여럿이 한 방을 함께 쓰는 호스텔 다인실에 묵는다 하더라도 어떤 호스텔은 밤늦게까지 파티를 즐기는가 하면, 어떤 호스텔은 같은 방에 누가 묵었는지도 모를 정도로 조용하기도 하다. 호텔이나 게스트하우스 역시 그 분위기는 제각각. 예산, 위치까지 정했다면 예약 대행 사이트와 구글 지도의 후기를 꼼꼼하게 확인하면서 숙소의 스타일을 파악하자.

Hotel — 고급 호텔

1 GRANBELL HOTEL KYOTO
그란벨 호텔 교토

하나미코지까지 걸어서 2분, 완전히 기온 한복판에 자리하고 있다. 이 일대 모든 건물의 특성상 높지 않고 한 층의 넓이가 상당히 넓은 구조. 리셉션부터 일본의 전통미가 물씬 풍기고 로비, 객실 등 호텔 구석구석 놓여 있는 소품 하나까지 교토란 도시와 정말 잘 어울린다. 일부 객실은 다다미방으로 꾸며져 있으며 3층 이상에선 기온 거리가 내려다보인다. 지하 1층에 대욕장이 있고 지상 1층 라운지에선 무료 커피와 차가 제공된다. 매일 메뉴 구성이 조금씩 바뀌는 조식 뷔페는 음식 종류도 많고 맛도 깔끔하다.

京都市東山区大和大路通四条下ル大和町27 케이한 본선 기온시조 역祇園四条駅 6번 출구에서 2분
☎ 075-277-7330 ¥3만 이상 www.granbellhotel.jp Map → ①-D-4

✖ 여기만은 NO!

요즘 무섭게 세를 확장하고 있는 호텔 체인인 아파 호텔 APA HOTEL. 교토에도 교토 역 앞, 기온 등 교통의 요지를 꿰차고 있고 숙박 요금은 비즈니스호텔 수준이거나 조금 더 비싸다. 하지만 엄청난 극우 인사인 회장이 객실에 위안부 문제를 비롯해 역사를 왜곡하는 서적을 비치해 놓았다는 점이 꺼림칙하다. 게다가 실제로 묵었을 때 만족도도 낮은 편. 일본 호텔이라고는 상상도 할 수 없을 정도로 지저분했다. 교토는 일본을 대표하는 관광도시라 숙박시설이 굉장히 충실하게 갖춰져 있다. 교통이 편리하고 가격이 저렴해 아파 호텔을 이용하고자 했다면 조금만 더 손품을 팔아 다른 호텔을 알아보면 어떨까.

Hotel

고급 호텔

2
HOTEL KANRA KYOTO
호텔 칸라 교토

히가시혼간지에서 걸어서 1분, 교토 타워와 교토 역이 보이는 위치. 2016년 10월에 리뉴얼 오픈했다. 모든 객실이 교토의 전통가옥인 '쿄마치야京町家' 스타일로 디자인되어 있어 호텔에 있으면서도 교토의 정서를 그대로 느낄 수 있다. 객실 열쇠부터 어메니티, 레스토랑의 컵 등 장인이 만든 제품을 사용하고 1층 라운지에 있는 숍에서 구매도 가능하다. 1층엔 스파, 지하 1, 2층에 각각 일식 레스토랑, 이탈리안 레스토랑이 있다.

🏠 京都市下京区烏丸通六条下る北町190
→ 교토 역 중앙 出口에서 카라스마도리를 따라 걸어서 15분
시 버스 5, 26, 73 카라스마로쿠조烏丸六条 정류장에서 1분
지하철 카라스마 선 고조 역五条駅 8번 출구에서 2분
☎ 075-344-3815 💴 ¥3만 이상 🌐 hotelkanra.jp Map → ②-B-4

3
THE RITZ-CARLTON KYOTO
리츠칼튼 교토

카모강이 한눈에 내려다보이고 헤이안 신궁과 번화가인 카와라마치까지 걸어서 갈 수 있는 곳에 위치해 있다. 2014년 2월 문을 연 리츠칼튼 교토. 전 세계에 지점을 갖고 있는 리츠칼튼이지만 교토에서는 완벽하게 이 도시에 녹아들었다. 젠체하지 않는 수수한 입구로 들어서면 물 흐르는 소리와 대나무와 바람이 부딪는 소리가 만나 도심의 소음을 떨궈내며 귀를 편안하게 해준다. 2층부터 5층까지 총 134개의 객실 중 반 이상이 카모강을 향해 열려 있는데 커다란 창을 통해 보이는 카모강과 히가시야마는 계절에 따라 그 얼굴을 달리한다. 욕실 벽에서 욕조까지 떨어지는 벚꽃 부조라든가 어메니티가 담긴 자개상자라든가 사소한 것 하나에서부터 교토를 느낄 수 있도록 세심하게 배려했다. 객실에 걸린 작품을 비롯해 80여 명의 작가가 참여해 만든 4백여 점의 작품이 호텔 곳곳에 놓여있어 예술을 좋아하는 사람이라면 지루할 틈이 없다. 리츠칼튼 교토의 또 다른 강점은 다양한 체험 프로그램. 기모노 체험, 화과자 만들기 등 다른 곳에서도 볼 수 있는 프로그램부터 객실에서 사용하는 비누를 직접 만들어보는 체험, 분재 만들기, 사무라이 체험, 일본 전통우산 만들기 등 20여가가 넘는 프로그램이 있다. 1층엔 레스토랑이 있고 지하 1층엔 스파와 수영장, 피트니스 센터가 있다.

🏠 京都市中京区鴨川二条大橋畔 → 시 버스 4, 5, 17, 205 카와라마치산조河原町三条 정류장에서 7분
지하철 토자이 선 쿄토시야쿠쇼마에 역京都市役所前駅 2번 출구에서 5분
☎ 075-746-5555 💴 ¥6만 이상 🌐 ritzcarlton.com/en/hotels/japan/kyoto Map → ②-C-2

교토와 파리의 만남, 리츠칼튼 교토의 애프터눈 티

리츠칼튼 교토 1층엔 프랑스 파티시에 피에르 에르메의 부티크가 있다. 파리에 가는 사람이라면 누구나 다 한 번쯤 먹고 온다는 마카롱의 바로 그 피에르 에르메다. 부티크에서 포장을 해가도 좋지만 이왕 여기까지 왔으니 로비 라운지에서 피에르 에르메의 애프터눈 티를 즐겨보면 어떨까. 사실 리츠칼튼 교토의 숙박비는 교토에서도 최고 수준이라 엄두가 안 나지만 애프터눈 티는 열심히 일한 나를 위한 작은 선물로 받아들일 수 있는 정도. 영국에서 온 애프터눈 티는 아시아에서는 오랫동안 영국의 지배를 받아온 홍콩에 그 문화가 남아있다. 하지만 일본 역시 오랜 다도의 역사를 가진 나라. 교토에서 마시는 오후의 홍차 역시 전혀 어색하지 않다. 리츠칼튼 교토의 애프터눈 티에는 매일 바뀌는 마카롱과 이스파한 등 피에르 에르메의 대표 메뉴부터 스콘, 샌드위치와 함께 2가지의 차가 나온다. 물론 차 종류는 자유롭게 선택 가능. 평일 4,882엔, 주말 5,492엔의 가격은 조금 부담스러울 수도 있지만 메뉴에 차 한 종류가 1,620엔이기 때문에 결코 비싸다고 할 순 없다. 게다가 물 흐르듯 자연스럽게 고객을 배려하는 서비스를 받아보면 아주 가끔 이런 사치는 부려도 괜찮지 않을까라는 생각이 절로 든다.

🕐 주문 가능 시간 11:00(주말 12:00)-17:00

Design Hotel   디자인 호텔

1
HOTEL ANTEROOM KYOTO
호텔 안터룸 교토

호텔로 들어서면 리셉션보다 먼저 전시공간인 '갤러리 9.5'가 투숙객을 맞이하는 호텔 안터룸 교토. '365일 아트 페어'를 테마로 2016년 7월 리뉴얼 오픈했다. 일반 객실은 군더더기 없이 깔끔하고 몇몇 객실은 예술가가 방 전체를 직접 디자인했다. 비즈니스호텔이 아님에도 싱글룸이 꽤 많이 마련되어 있어 혼자 여행하는 사람이라도 가격 부담 없이 머무르기에 좋다.

京都市南区東九条明田町7 → 교토 역 하치조출구로 나와 카라스마도리를 따라 걸어서 17분. 지하철 카라스마 선 쿠조 역 九条駅 4번 출구에서 5분 ☎ 075-681-5656 ￥4,500 이상 hotel-anteroom.com Map → ⑥-E-4

2
KYOTO ART HOSTEL KUMAGUSUKU
교토 아트호스텔 쿠마구스쿠

호텔 전체가 하나의 커다란 예술작품이라고 해도 좋을 교토 아트호스텔 쿠마구스쿠. 조각을 전공한 대표가 2012년 '숙박할 수 있는 예술 공간 kumagusuku 프로젝트'를 시작했고 2015년 1월 지금의 자리에 정식 오픈했다. 1층에 리셉션과 공용 욕실, 주방, 정원이 있고 2층에 4개의 객실이 있다. 호텔 내에서 정기적으로 기획전을 여는데 그때마다 호텔 전체의 모습이 그 전시에 맞게 싹 바뀐다. 단순히 보는 것에 그치지 않고 투숙하는 동안만큼은 온 몸으로 예술을 느끼게 하기 위함이다. 숙박요금은 객실 유형에 따른 차이만 있을 뿐 공실 여부, 시즌에 상관없이 똑같다.

京都市中京区壬生馬場町37-3 → 시 버스 206 미부소샤조마에壬生操車場前 정류장에서 1분, 한큐 교토선 오미야 역大宮駅 5번 출구에서 5분 ☎ 075-432-8168 ￥7,560 이상 kumagusuku.info Map → ②-B-3

Hotel   가성비 좋은 호텔

3
鹿麓
로쿠로쿠

긴카쿠지까지 15분, 철학의 길까지 단 2분 거리. 편리함과 일본의 전통을 동시에 즐길 수 있는 조금 특이한 형태의 호텔이다. 객실은 큰길에서 가까운 현대식 건물인 야도, 리셉션은 5분 정도 떨어진 전통가옥인 세키에 있다. 야도에 도착했는데 문이 잠겨있다면 당황하지 말고 인터폰으로 연락을 하면 세키에 있던 친절한 주인아저씨가 달려와 준다. 남녀 다인실이 각각 하나씩 있고 나머지는 개인실. 숙박 요금은 공실 여부, 시즌에 상관없이 똑같다.

京都市左京区鹿ヶ谷寺ノ前町61 시 버스 5, 32, 93, 203, 204 신뇨도마에真如堂前 정류장에서 3분 35.02006, 135.79218 ☎ 075-771-6969 다인실 ￥2,500, 트윈룸 ￥8,000 rokuroku.kyoto.jp Map → ①-B-1

4
ホテル法華クラブ京都
호텔 홋케 클럽 교토

다음날 이른 시간에 열차를 타야한다면 혹은 아주 늦은 밤 교토 역에 도착했다면 호텔 홋케 클럽 교토만한 숙소가 없다. 1층엔 1952년 문을 연 교토의 노포인 오가와 커피가 있고 2층이 리셉션이다. 리셉션 옆에는 호텔에서 직접 만든 교토 여행 브로슈어가 있고 교토에 관한 책도 수십 권 비치되어 있다. 일본의 호텔들이 대부분 그렇듯 객실은 좀 좁지만 깔끔하다.

京都市下京区京都駅烏丸中央口正面 → 교토 역에서 걸어서 2분 ☎ 075-361-1251 ￥8,000 이상 www.hokke.co.jp/kyoto Map → ②-B-4

Ryokan

로칸

京旅籠むげん
쿄하타고 무겐

젊은 부부 둘이 알콩달콩 꾸려가는 아담한 여관. 1855년에 지어진 마치야를 개조해서 만들었다. 마치야치고는 규모가 꽤 큰 편으로 중정 안쪽으로 창고까지 이어지는 구조다. 온돌을 까는 등 큰 공사를 했지만 마치야 특유의 개성은 그대로 잘 살려냈다. 객실은 1층에 2개, 2층에 3개. 모든 객실에 고르게 해가 잘 들어온다. 면적이 꽤 넓기 때문에 더 많은 객실을 만들 수도 있었지만 5개로 결정한 건 그 정도 규모여야 투숙객 한 사람, 한 사람 세심하게 신경 쓸 수 있을 것이라고 판단했기 때문이다. 체크인을 하면 조식을 먹거나 휴식을 취하는 공용 공간으로 안내되어 계절에 맞는 차와 와가시를 대접받는다. 공용 공간엔 여전히 제 역할을 다하는 오래된 가마가 있어 매일 아침이면 밥 짓는 고소한 냄새가 실내를 가득 채운다. 정성스레 이끼를 가꾼 중정을 지나면 과거의 창고,

⊙ 京都市上京区黒門通上長者町下ル北小大門町548-1
→ 시 버스 9, 12, 50, 67 호리카와시모초자마치호리川下長者町 정류장에서 3분
☏ 075-366-3206 ￥ 더블 룸 ￥2만7,600부터
⌂ kyoto-machiya-ryokan.com Map → ②-B-2

지금은 투숙객을 위한 바가 나온다. 작은 바는 웬만한 술집 못지않게 다양한 술을 갖추고 있다. 무겐의 공식 홈페이지를 통해 예약하면 술 한 잔이 무료로 제공된다. 객실을 비롯해 료칸 곳곳에 놓인 소품 하나하나 모두 교토의 장인이 만들었다. 심지어는 세면대조차 교토를 대표하는 도자기인 키요미즈야키. 마음에 드는 소품이 있다면 주인 부부에게 물어보자. 소품을 파는 공간과 만드는 공간, 그리고 사람에 대한 이야기가 술술 나와 외지인은 모르는 새로운 장소를 발견할 수 있을 것이다.

Guest House

마치야 게스트하우스

> 마치야는 여름에 시원하고 겨울에 춥다. 현대식 난방을 하더라도 겨울엔 콘크리트 건물보다 추울 수 있다는 사실을 알아두자.

1

GUESTHOUSE KYOTO COMPASS
게스트하우스 교토 콤파스

교토 최고의 마치야 게스트하우스. 몇 십 년 동안 호텔에서 일한 호스트인 마마는 모든 투숙객을 따뜻하게 맞아주며 해외에 있는데도 마치 내 집에 온 것처럼 편하게 지낼 수 있도록 세심하게 배려해준다. 그래서 1층 거실은 언제나 사람들 웃음소리가 끊길 날이 없다. 새로운 친구를 사귀고 싶은 사람, 교토에 내 집을 만들고 싶은 여행자에게 추천한다. 걸어서 5분 거리에 굉장히 큰 규모의 슈퍼마켓이 있어 도심의 작은 슈퍼마켓에서 구하기 힘든 물건도 살 수 있다. 조식 제공.

 京都市下京区西七条市部町115 → 시 버스 33, 205, 208 나나조온마에도리七条御前通 정류장에서 2분
☎ 075-204-3250 다인실 ￥3,500 compass-kyoto.jp Map → ②-A-4

2

GUESTHOUSE KIOTO木音
게스트하우스 키오토

키타노텐만구에서 5분 거리. 키타노텐만구까지 이어지는 지역인 카미시치켄 지역은 기온, 폰토초 등과 더불어 교토의 대표적인 카가이다. 본관과 별관인 토나리となり가 붙었있다. 마치야를 개조할 때 다른 사람의 손을 빌리지 않고 수도꼭지 하나까지 모든 스태프가 함께 작업했다고 한다. 새로 생긴 별관은 조용한 분위기고 본관은 공용 공간에서 파티를 하는 등 활기찬 분위기다.

 京都市上京区溝前町100
→ 시 버스 51, 59, 101, 102, 201, 203 센본이마데가와千本今出川 정류장에서 3분
☎ 075-366-3780 다인실 ￥2,700~ kioto-kyoto.com
Map → ②-A-1

3

GUESTHOUSE KOIYA鯉屋
게스트하우스 코이야

교토 역과 시내 중심에서는 살짝 떨어져 있지만 킨카쿠지, 시모가모 신사 등 교토의 북쪽을 여행하기에 편한 니시진 지역에 위치해있다. 늦은 시간까지 영업하는 음식점이나 술집은 적지만 근처에 유명한 카페도 몇 군데 있고 조금만 남쪽으로 내려가면 교토 고쇼라서 위치 때문에 불편한 점은 없다. 다인실은 없고 싱글룸, 트윈룸, 트리플룸이 각각 2개씩 있다. 조식 제공.

 京都市上京区天神北町29-1
→ 시 버스 9, 12, 67 호리카와쿠라마구치堀川鞍馬口 정류장에서 3분
☎ 075-366-8940 koiya-kyoto.com
Map → ②-B-1

4

OKI'S INN 沖のまちやど
오키노마치야도

항상 기모노를 입고 있는 젊은 부부가 소소하게 꾸려나가는 게스트하우스. 기온, 헤이안 신궁, 난젠지 등 교토의 동쪽을 여행하기 편한 위치. 버스도 자주 다니고 지하철과 케이한 전철의 역도 가까워서 교통이 매우 편리하다. 비아코마치(p.057)에서는 30초 거리. 여성 전용 다인실이 1개, 더블룸이 3개 있다.

 京都市東山区古川町542-2
→ 시 버스 100, 206 히가시야마산조東山三条 정류장에서 3분
지하철 토자이 선 히가시야마 역東山駅 2번 출구에서 2분
☎ 075-203-5041 다인실 ￥2,500 okimachi.com
Map → ①-D-3

Hostel 호스텔

PIECE HOSTEL SANJO
피스 호스텔 산조

원래 료칸이 있던 자리에 생긴 호스텔. 최근 몇 년 동안 교토에 새로 생긴 호스텔 중 가장 인기가 좋다. 도심 한복판이라 시 버스, 한큐 전철, 지하철 모두 이용하기 편한 위치. 호스텔로는 드물게 조식이 숙박 요금에 포함되어 있고 수건과 베개, 슬리퍼 등은 본인이 원하면 자유롭게 가져다 사용할 수 있다. 지하 1층에 20개가 넘는 샤워실, 유료 세탁기와 긴조기기 있고 스태프들이 수시로 청소를 하기 때문에 항상 청결하다. 다인실에는 비밀번호 설정이 가능한 사물함이 있다.

⌂ 京都市中京区富小路通三条下る朝倉町531
→ 시 버스 4, 17, 104, 205 카와라마치산조河原町三条 정류장에서 5분
☎ 075-746-3688　￥2,900 이상　piecehostel.com　Map → ③-E-2

コミカプ 京都新京極店
코미캡 교토 신쿄고쿠점

'숙박할 수 있는 책방'이 콘셉트인 북 앤 베드 도쿄의 교토점이 2016년 12월 기온에 문을 열었다.

만화방과 호스텔이 만났다. 수천 권이 넘는 만화책 사이사이에 침대가 숨어있다. 숙박시설로만이 아니라 일반 만화방처럼 이용할 수도 있고 샤워실 이용만도 가능하다. 잠옷부터 로션까지 하룻밤을 보내기 위한 모든 것이 준비되어 있어 그야말로 맨몸으로 가도 아무 거리낄게 없다. 24시간 리셉션 운영도 장점.

⌂ 京都市中京区新京極蛸薬師下る東側町525-1-4F → 시 버스 4, 5, 17, 205 카와라마치산조 정류장에서 5분 한큐 교토선 카와라마치 역에서 5분
☎ 075-254-7330　￥2,980 이상　comicap.co.jp　Map → ③-E-3

PLUS +　코미캡 교토와 비슷한 숙소

북 앤 베드 도쿄 교토　BOOK AND BED TOKYO KYOTO
⌂ 京都市東山区中之町西入ル200カモガワビル9F
bookandbedtokyo.com/kr

WEBASE 京都
위베이스 교토

시조카와라마치에선 조금 떨어져 있지만 시조 역과 카라스마 역이 가깝고 근처 버스 정류장에 지나가는 노선도 많다. 다인실과 개인실을 함께 운영하고 있으며 객실 요금에 빵, 시리얼 등 간단한 조식이 전부 포함되어 있다. 체크인 전, 체크아웃 후 짐을 보관해두는 공간엔 자물쇠가 따로 준비되어 있다. 여성 전용층에는 화장실과 별도로 상당히 넓은 파우더룸이 따로 있어 편하다.

⌂ 京都市下京区岩戸山町436-1
→ 지하철 카라스마선 시조 역四条駅에서 5분
지하철 토자이 선, 케이한 본선 산조 역三条駅에서 3분 ☎ 075-353-7555
￥2,800 이상　we-base.jp　Map → ②-B-3

しづや KYOTO
시즈야 교토

교토 역 근처에서 조용하게 쉬다 가기에 딱 좋은 호스텔. 리셉션과 객실이 있는 오모야母屋와 객실과 공용 주방이 있는 하나레離れ 2개의 건물로 나뉘어 있다. 오모야는 여자 투숙객만 받는다. 카페집인 아시파이 카페와 히비 커피가 붙어 있다.

⌂ 京都市下京区七条通河原町東入材木町460 → 교토 역 중앙 출구로 나와 걸어서 10분
시 버스 4, 17, 205 시치조카와라마치七条河原町 정류장에서 1분
☎ 075-351-2726　￥2,800 이상　shizuya-kyoto.com　Map → ②-C-4

PLUS +　교토 역에서 가까운 호스텔

피스 호스텔 교토　PIECE HOSTEL KYOTO
⌂ 京都市南区東九条東山王町21-1　piecehostel.com

더 로워 이스트 나인 호스텔　THE LOWER EAST NINE HOSTEL
⌂ 京都市南区東九条南烏丸町32　lowereastnine.com

THE MILLENNIALS KYOTO
더 밀레니얼스 교토

카와라마치 한복판에 2017년 7월 문을 연 호스텔. 다인실의 모든 침대는 1층 침대이고 소파와 침대 두 가지 용도로 사용할 수 있도록 각도 조절이 가능하다. 침대 밑에는 커다란 캐리어를 보관할 수 있는 공간이 있고 블라인드를 내려서 잠그면 작은 싱글룸이 만들어지는 구조다. 리셉션이 있는 8층에는 발뮤다 제품으로 채워진 주방과 업무 공간이 함께 있다. 침대 조작 리모컨, 객실 열쇠가 아이팟이기 때문에 분실하지 않도록 신경 써야 한다.

⌂ 京都市中京区山崎町235 → 시 버스 4, 5, 17, 205 카와라마치산조 정류장에서 1분
지하철 토자이 선, 케이한 본선 산조 역에서 5분 한큐 교토선 카와라마치 역에서 7분
￥2,800 이상　themillennials.jp　Map → ③-F-2

BIRD HOSTEL
버드 호스텔

교토 시내의 비교적 북쪽에 위치한 호스텔. 교토 고쇼까지 걸어서 2분이면 갈 수 있다. 1층엔 리셉션과 함께 카페, 공용 주방이 있다. 수건과 슬리퍼를 자유롭게 사용할 수 있다. 침대에 작은 사물함이 있고 캐리어 등 커다란 짐을 보관할 수 있도록 자물쇠가 마련되어 있다.

⌂ 京都市中京区丸太町通烏丸西入ル常真横町190-1
→ 지하철 카라스마선 마루타마치 역丸太町駅 2번 출구로 나와서 1분
☎ 075-744-1875
￥2,800 이상
birdhostel.com
Map → ②-B-2

오하라　　P>126

누군가의 일상과 나의 여행이 자연스럽게 하나가 되는 오하라에선 시간도 느리게 흘러간다.

후시미 (P)>128

카모강, 카츠라강, 우지강이 만나고 미네랄이 풍부한 지하수가 넘쳐났던 후시미는 일본을 대표하는 사케의 생산지다.

Attractive Suburbs

교토 근교 여행

우지 / 오하라 / 후시미 / 오야마자키

우지 (P)>124

시즈오카 녹차와 함께 일본 최고의 녹차로 손꼽히는 우지 녹차의 고향. 달콤한 녹차 디저트를 맛보자.

생각보다 시끌시끌한 교토 시내에 지겨워졌다면 버스와 열차에 하염없이 몸을 맡겨보자. 녹차의 우지, 사케의 후시미 등 서로 닮은 듯 다른 개성으로 똘똘 뭉친 작은 마을에서 도시에서 느껴보지 못한 여행의 새로운 재미와 만날 수 있을 것이다.

교토 근교 여행

01 우지 宇治

시내에서 우지로 가는 방법

교토 역에서 출발
JR 교토 역 8, 9, 10번 플랫폼에서 출발하는 나라선奈良線 열차를 타면 JR 우지 역까지 한 번에 갈 수 있다. 요금은 240엔.

시조카와라마치에서 출발
기온시조 역에서 케이한 본선 열차를 타고 추쇼지마 역 中書島駅까지 간 후 케이한 우지선으로 갈아타고 종점까지 가면 된다. 요금은 310엔.

녹차의 고향

교토 시내의 녹차 전문점을 가면 이런 문구가 반드시 붙어있다. '저희 가게는 우지산 녹차를 사용합니다'. 시즈오카 녹차와 함께 일본 최고의 녹차로 꼽히는 우지의 녹차가 나오는 지역이 바로 교토 시의 남쪽인 우지 시. 달콤한 녹차 디저트로 기운을 차린 후 극락정토의 뵤도인과 일본에서 가장 오래된 신사인 우지가미 신사 등을 둘러보다보면 하루가 훌쩍 지나간다.

일본 최고의 녹차를 맛보자!

1. 辻利兵衛本店 京都宇治本店 츠지리헤이혼텐 교토우지본점

녹차 전문점이 넘쳐나는 우지에서 가장 추천하는 곳. 1860년에 개업, 현재 6대째 대물림되고 있다. 원래 찻잎을 고르던 제조 현장이었던 목조 가옥을 고풍스런 카페로 개조했다. 파르페뿐만 아니라 카스텔라, 푸딩 등 다양한 녹차 디저트는 물론이요, 가격이 좀 비싸지만 제대로 우린 잎차도 종류별로 준비되어 있다. 볼거리가 모여 있는 우지강 주변에서 살짝 서쪽으로 치우쳐 있어 조용하게 차의 진수를 맛볼 수 있다는 것도 장점.

🏠 宇治市宇治若森41　📞 34.88948, 135.79761　☎ 0774-29-9021
🕐 10:00~18:00(마지막 주문 17:00) 화 휴무　녹차 파르페 ￥900~　🌐 tsujirihei.co.jp
Map → ⑦-A-2

2. 辻利宇治本店 츠지리 우지본점

1860년 개업. 츠지리헤이혼텐과는 창업 이후 2대째부터 갈라져 나왔다. 본점은 JR 우지 역 근처에 있고 규모가 작아 모든 테이블에서 정원이 보인다. 다른 녹차 전문점과 달리 메뉴는 오로지 마시는 차 종류뿐이다. 차를 주문하면 직접 만든 모나카를 함께 내어준다.

🏠 宇治市宇治妙楽156　📞 34.89033, 135.8027
🕐 소매점 10:00~18:00 카페 11:00~17:00(마지막 주문 16:00)
교쿠로(옥로) ￥864
🌐 http://www.kataoka.com/tsujiri-ujihonten　Map → ⑦-A-2

宇治橋 우지바시

宇治上神社 우지가미 신사

三室戸寺 미무로토지

우지강의 동서를 이어주는 다리로 시가현의 '세타의 카라하시瀬田の唐橋'와 오야마자키의 '야마자키바시山崎橋'와 함께 일본에서 가장 오래된 3대 다리로 꼽힌다. 〈고킨와카슈古今和歌集〉, 〈겐지 이야기〉 등의 문학 작품에 등장하기도 했다. 다리 서쪽에 〈겐지 이야기〉를 지은 무라사키 시키부紫式部의 석상이 있다.
Map → ⑦-B-2

그 기원을 정확하게 알 수는 없으나 일본에서 가장 오래된 신사로 판명된 우지가미 신사. 헤이안 시대 후기에 세워진 본전은 현존하는 가장 오래된 신사 건축물이다. 배전拝殿은 가마쿠라 시대에 만들어졌다. 두 건물 모두 국보로 지정되어 있다.

京都府宇治市宇治山田59　34.89206, 135.81143
0774-21-4634　09:00-16:30　무료
Map → ⑦-B-2

16만㎡가 넘는 정원에 철마다 다른 꽃들이 화사하게 피어나 '꽃의 사찰'이라고 불리는 미무로토지. 언제 어떤 연유로 세워졌는지 알려지지 않고 대단한 건축물도 없지만 잘 가꾸어진 정원만으로도 충분히 찾아갈 가치가 있나. 6월 종순 수국이 필 때가 가장 아름답다.

宇治市菟道滋賀谷21　34.90047, 135.81919
0774-21-2067　08:30-16:30(11월~3월 16:00)
12월 29, 30, 31일 휴무　성인 ￥500
www.mimurotoji.com　Map → ⑦-C-1

平等院 보도인

후지와라노 미치나가藤原道長가 지은 별장을 1052년 아들 요리미치頼通가 개축해 만들었다. 보도인의 상징은 연못 중앙에 있는 작은 섬에 만들어진 봉황당鳳凰堂이다. 당내 중앙에는 헤이안 시대 최고의 불사仏師인 조초定朝가 만든 2.43m 높이의 아미타여래 좌상이 안치되어 있다. 연못의 잔잔한 수면에 그대로 비치는 봉황당의 반영은 옛날 사람들이 믿었던 것처럼 극락정토의 모습이 따로 없을 정도로 아름답다. 봉황당은 헤이안 시대 후기의 문화를 살펴볼 수 있는 대표적인 건축물로 그 중요성을 인정받아 10엔 동전에 그 모습이 새겨져 있다.

宇治市宇治蓮華116　34.88929, 135.80767　0774-21-2861　08:30-17:30
경내 박물관 09:00-17:00 봉황당 내부 견학 접수 09:10-16:10
성인 ￥600 중고생 ￥400 초등학생 ￥300 봉황당 내부 별도 요금 ￥300　byodoin.or.jp Map → ⑦-B-2

---

3 ラクカフェ 라쿠 카페

우지강 동쪽에 위치한 조용한 카페. 미무로토지와 보도인 사이를 오고갈 때 들르기 좋다. 지역에서 생산된 신선한 식재료를 사용한 소박한 메뉴를 낸다. 날이 좋으면 타마고산도를 포장해 우지강변에서 먹는 사람도 많다.

宇治市宇治又振65　34.89198, 135.80864　0774-66-7070
10:00-17:00 금 휴무　오리지널 카레 ￥800　raku-u.com Map → ⑦-B-2

4 通圓 츠엔

케이한 우지 역의 맞은편, 우지바시가 시작되는 지점에 있다. 개업은 무려 1160년으로 거슬러 올라가는데 우지바시를 파수하며 길을 오가는 사람에게 차를 대접하는 가게로 시작했다. 도요토미 히데요시, 도쿠가와 이에야스도 들렀다는 기록이 남아있다. 다른 녹차 전문점에 비해 비교적 가격이 저렴한 편이다.

宇治市宇治東内1　34.89328, 135.80726　0774-21-2243
09:30-17:30　소프트 아이스크림 ￥350　tsuentea.com Map → ⑦-B-2

5 中村藤吉本店 나카무라토키치 본점

영업 시작 전부터 줄을 서서 기다리는 사람들이 있을 정도로 인기가 많은 녹차 전문점. 때에 따라서는 2시간 이상 대기도 감수해야 한다. 1854년 개업. JR 우지 역 근처의 본점은 메이지 시대 차 판매점의 전형을 그대로 간직하고 있어 '우지의 중요 문화 경관'으로 인정받았다. 대표 메뉴는 대나무 통에 담겨 나오는 녹차 젤리 아이스크림. 소매점에서 플라스틱 컵에 담긴 테이크아웃 제품도 판매한다.

宇治市宇治壱番10　34.88942, 135.80172　0774-22-7800
10:00-18:30　나마차 젤리 ￥740, 테이크아웃 나마차 젤리 ￥390
tokichi.jp Map → ⑦-A-2

6 中村藤吉平等院店 나카무라토키치 보도인점

케이한 우지 역에서 보도인으로 가는 길, 우지강이 시원하게 내려다보이는 위치에 있는 에도 시대 료칸을 개조해 만들었다. 본점과 마찬가지로 대기는 기본. 카페, 소매점과 함께 테이크아웃 전용 아이스크림 매장을 따로 운영하고 있다. 와플콘에 담긴 아이스크림은 단팥, 새알심과 함께 나온다.

宇治市宇治蓮華5-1　34.89144, 135.80635　0774-22-9500
10:30-17:00(주말 17:30, 마지막 주문 16:30)　소프트아이스크림 ￥450
tokichi.jp Map → ⑦-B-2

02 오하라 大原

고요한 산골 마을로의 여행

버스에 몸을 싣고 계속해서 북쪽으로 올라가다 보면 어느새 창밖 풍경이 바뀌어 있다. 시내에서 봤을 땐 멀게만 느껴졌던 산 속 마을 한가운데로 들어온 것. 버스는 종점인 오하라에서 멈춘다. 시내에선 지도를 들고 바쁘게 움직였던 여행자도 느긋하게 움직이고, 밭일을 하던 아낙은 그들에게 선한 미소를 건넨다. 누군가의 일상과 나의 여행이 자연스럽게 하나가 되는 오하라에선 시간도 느리게 흘러간다.

시내에서 오하라로 가는 방법

교토 시내에서 오하라를 당일치기로 다녀올 땐 지하철·버스 일일권地下鉄·バス一日券(성인 900엔)을 사용하는 게 교통비가 가장 적게 든다. 교토 역에서 출발한다면 17번 버스(시조 카와라마치 경유)를 타는 게 가장 편하다. 종점인 오하라까지 소요시간은 약 1시간. 시조 카와라마치 등 시내 중심에서 출발할 땐 지하철을 타고 고쿠사이카이칸 역国際会館駅까지 간 후 역 앞 버스 정류장에서 19번 버스를 타는 게 편하다. 고쿠사이카이칸 역에서 오하라까지는 약 25분 정도 걸린다.

三千院 산젠인

산젠인은 782년에서 806년 사이 세워진 천태종의 몬제키 사찰이다. 처음엔 히에이산에 있었으나 오랜 세월 여기저기로 옮겨 다니다가 메이지 유신 이후 1871년 오하라에 자리를 잡으며 산젠인이라는 이름을 얻었다. 경내는 꽤 넓어서 제대로 둘러보려면 1시간 이상 걸리고 내부에는 2개의 정원이 있다. 슈헤키엔聚碧園은 연못과 바위 등의 배치를 이용해 입체적인 형태로 꾸며진 정원이고 그에 반해 유세이엔有清園은 삼나무와 단풍나무를 중심으로 간소하게 꾸며진 정원이다. 유세이엔의 이끼 위에는 산젠인의 마스코트인 '와라베 지장わらべ地蔵(어린이의 얼굴을 한 지장보살)'이 곳곳에 놓여있어 보는 사람을 절로 미소 짓게 한다. 초여름 수국이 필 때와 단풍이 들 때 특히 아름답다.

🏠 京都市左京区大原来迎院町540
📞 35.1197, 135.83583 ☎ 075-744-2531
🕘 3월~12월 7일 08:30~17:30
12월 8일~2월 09:00~17:00
💴 성인 ¥700 중고생 ¥500 초등학생 ¥150
🌐 sanzenin.or.jp Map ▶ ⑧-C-4

寂光院 잣코인

기원에는 594년 쇼토쿠 태자가 아버지인 요메이 일왕을 위해 지었다는 설이 가장 유력하다. 초대 지주는 쇼토쿠 태자의 유모이자 일본 최초의 비구니인 에젠니恵善尼가 맡았다. 본당 서쪽 정원은 〈헤이케 이야기〉에 등장했고 경내에 그에 관한 작은 전시관도 있다.

🏠 京都市左京区大原草生町676
📞 35.1241, 135.82104
☎ 075-744-3341
🕘 09:00~17:00(12월~2월 16:30)
1월 1일~3일 10:00~16:00
💴 고등학생 이상 ¥600 중학생 ¥350 초등학생 ¥100
🌐 jakkoin.jp Map ▶ ⑧-C-4

宝泉院
호센인

산젠인에서 안쪽으로 5분 정도 더 들어가면 막다른 길에서 만날 수 있는 호센인. 웅장하고 화려하진 않지만 조용하게 시간을 보내기 딱 좋은 곳이다. 기둥을 교묘하게 배치해 마치 액자 속 그림을 보듯 풍경을 볼 수 있게 한 가쿠부치 정원額縁庭園에는 수령 7백 년 된 소나무가 있다. 입장료에는 말차 한 잔과 와가시가 포함되어 있다.

🏠 京都市左京区大原勝林院町187
📍 35.12135, 135.834
📞 075-744-2409 🕐 09:00-17:00
💴 성인 ¥800 중고생 ¥700
초등학생 ¥600 (차, 와가시 제공)
🏠 hosenin.net Map → ⑧-C-4

味噌と大原温泉 民宿 大原の里
오하라노사토

오하라 산장과 마찬가지로 민숙. 오하라 산장보다 낡았지만 당일치기 온천 이용 시간이 길어서 편리하다. 일본식 된장인 미소가 들어간 육수에 고기, 채소 등을 데쳐 샤브샤브로 먹는 미소나베를 맨 처음 판매한 곳이기도 하다.

🏠 京都市左京区大原草生町31 📍 35.12304, 135.8225
📞 075-744-2917 🕐 당일치기 온천 이용 11:30-18:00
💴 미소나베 코스 ¥3,600, 입욕료 ¥100,
수건 대여 유료.
🏠 oohara-no-sato.co.jp
Map → ⑧-C-4

大原温泉 湯元のお宿 民宿 大原山荘
오하라 산장

온천이 딸려있는 민숙. 료칸과는 달리 일반민가에 방을 하나 빌려 숙박하는 민숙은 공용 욕실과 식당을 이용해야 한다. 2015년 7월 리뉴얼을 해 전 객실이 매우 깔끔하다. 내부의 공공욕장과 노천 온천이 있는데 당일치기로 이용할 때는 온천 입욕만은 불가능하고 식사 메뉴를 반드시 주문해야 한다.

🏠 京都市左京区大原草生町17
📍 35.12383, 135.82196
📞 075-744-2227
🕐 당일치기 온천 이용 11:30-15:30
💴 오니기리 정식 ¥1,600, 입욕료 ¥100,
수건 대여 유료.
🏠 ohara-sansou.com
Map → ⑧-C-4

먹거리 in 오하라

OHARA River side café KIRIN
키린

오하라 버스정류장에서 잣코인으로 가는 길목에 있는 카페. 단순히 카페가 아니라 지역 주민의 사랑방이자 여행자에게 오하라의 매력을 알려주는 발신기지 같은 역할을 맡고 있다. 런치 메뉴로 오니기리 세트가 나오는데 교토식 뷔페인 오반자이가 함께 제공된다. 오하라의 깨끗한 자연 속에서 자란 신선한 식재료를 쓰고 재료 본연의 맛을 살리기 위해 노력한 흔적이 역력하다.

🏠 京都市左京区大原来迎院町114
📍 35.11986, 135.82773 📞 075-744-2239
🕐 11:30-16:30 화 휴무 💴 오니기리 런치 ¥1,500
🏠 ohara-kirin.com Map → ⑧-C-4

교토 근교 여행

03 후시미 伏見

겟케이칸 오쿠라 기념관

시내에서 후시미로 가는 방법

교토 역에서 출발
JR 교토 역 8, 9, 10번 플랫폼에서 출발하는 나라선 열차를 탄 후 모모야마 역 桃山駅에서 하차. 요금은 200엔.

킨테츠 교토 역에서 킨테츠 교토선 열차를 탄 후 모모야마고료마에 역桃山御陵前駅에서 하차. 요금은 260엔.

시조카와라마치에서 출발
기온시조 역에서 케이한 본선 열차를 탄 후 추쇼지마 역에서 하차. 요금은 270엔.

물맛, 술맛 끝내주는 사케의 마을

물이 좋은 동네에서 좋은 술이 나는 건 당연지사. 카모강, 카츠라강, 우지강이 만나고 미네랄이 풍부한 지하수가 넘쳐났던 후시미는 일본을 대표하는 사케의 생산지다. 옛 모습을 고스란히 간직한 양조장을 둘러보고 술지게미가 들어간 뜨끈한 라멘으로 해장까지 하며 일본 술의 매력에 푹 빠져보자.

寺田屋 테라다야

막부 체제를 종식시키고 근대국가로 가는 길을 열어 일본에서 영웅으로 칭송받는 인물 사카모토 료마. 우리에겐 시바 료타로의 소설 〈료마가 간다〉로 익숙하다. 막부 말 격변기, 천년 수도 교토에선 굵직굵직한 사건이 많이 일어났고 료마 역시 그 중심에 있었다. 1866년 1월 막부의 관리가 테라다야에 머물고 있던 료마를 습격했는데 이를 '테라다야 사건'이라고 한다. 그 역사의 현장인 테라다야는 1868년 소실된 후 재건, 료마 팬들의 성지 중 하나가 됐다. 일본 역사에 관심이 있거나 〈료마가 간다〉를 재밌게 읽었다면 방문해볼만 하다.

📍 京都市伏見区南兵町263
📌 34.9304, 135.75957
☎ 075-622-0243 🕙 10:00-15:40
💰 성인 ¥400 대학생 이하 ¥300 초등학생 ¥200
Map → ⑨-E-2

月桂冠大倉記念館 겟케이칸 오쿠라 기념관

겟케이칸 오쿠라 기념관은 1909년 세워진 술 창고를 개조해 1982년 문을 열었다. 일본을 대표하는 사케 메이커인 겟케이칸(뜻은 월계관)의 역사뿐만 아니라 후시미 지역의 양조 역사, 일본 술의 역사와 문화에 대해 알기 쉽게 소개하고 있다. 전시도 충실하고 건물도 운치 있어 사진 찍기에 좋다. 입장료를 내면 180ml 사케 한 병을 기념품으로 준다. (미성년자는 엽서) 사케 두 종류와 플럼 와인 등 세 종류의 술을 시음할 수 있다.

📍 京都市伏見区南浜町247 📌 34.92913, 135.76161
☎ 075-623-2056 💰 성인 ¥300 중학생 이상 ¥100
🕙 09:30-16:30(마지막 입장 16:15) 8월 연휴, 연말연시 휴관
🌐 www.gekkeikan.co.jp/enjoy/museum
Map → ⑨-E-2

松本酒造 마츠모토 슈조

2백 년이 넘는 역사를 가진 사케 메이커. 원래는 히가시야마 지역에 있다가 1922년 지금의 자리로 옮겨왔다. 벽돌로 지은 양조장은 근대화 산업 유산으로 지정되어 있다. 4월, 5월엔 양조장 앞을 흐르는 개울 양 옆으로 유채꽃이 흐드러지게 피어 붉은 벽돌 건물과 아름다운 조화를 이룬다.

📍 京都市伏見区横大路三栖大黒町7
📌 34.93332, 135.75428 Map → ⑨-D-1

玄屋 겐야

술지게미를 넣은 명물 사케카스 라멘으로 유명한 집. 겟케이칸 오쿠라 기념관을 비롯해 후시미의 양조장을 둘러본 후 들르기 딱 좋은 위치에 있다. 닭 육수를 베이스로 겟케이칸의 술지게미와 간장을 섞어 국물 맛을 낸다.

📍 京都市伏見区東組町698パークテラス桃山1F
📌 34.93518, 135.76105
☎ 075-602-1492 🕙 11:30-19:30 목 휴무
💰 사케카스 라멘 ¥800
Map → ⑨-E-1

교토 근교 여행

04 오야마자키
大山崎

산토리 야마자키 증류소

시내에서 오야마자키로 가는 방법

교토 역에서 출발
JR 교토 역에서 토카이도 본선 열차를 탄 후 야마자키 역山崎駅에서 하차. 요금은 220엔.

시조카와라마치에서 출발
한큐 카와라마치 역에서 한큐 교토선 열차를 탄 후 오야마자키 역大山崎駅에서 하차. 요금은 270엔.

맥주 VS 위스키

오사카와 교토에 반반씩 걸쳐 있는 마을 오야마자키. 교토 쪽엔 아사히 맥주의 미술관이, 오사카 쪽엔 산토리의 위스키 증류소가 있는 재미있는 동네다. 천천히 둘러봐도 반나절이면 충분해서 교토와 오사카 사이를 오가며 들르기에도 딱 좋다.

サントリー 山崎蒸溜所
산토리 야마자키 증류소

1923년 문을 연 산토리 야마자키 증류소는 일본 최초의 싱글 몰트 위스키Single Malt Whisky 증류소로 일본 위스키의 성지라고 할 수 있다. 백 년 가까운 시간이 흐르는 동안 일본 위스키는 스코틀랜드, 아일랜드, 미국, 캐나다 위스키와 함께 세계 5대 위스키로 꼽힐 정도로 성장했다. 증류소를 둘러보는 방법에는 투어 프로그램 참가, 자유 견학 2가지가 있다. 제조공정을 둘러보고 싶다면 80분 코스의 '야마자키 증류소 투어'와 100분 코스의 '더 스토리 오브 야마자키 투어'를 이용하면 된다. 투어 3개월 전부터 홈페이지를 통해 예약 가능하며 일본어 안내에 영어 오디오가이드가 제공된다. 미성년자 동반은 불가능하다. 자유 견학을 할 때는 전시관인 위스키관에만 입장할 수 있다. 위스키관 1층 테이스팅 카운터에는 산토리의 위스키뿐만 아니라 전 세계의 위스키 70종류가 준비되어 있다. 테이스팅 카운터와 기념품점에서 알코올류를 구매할 경우 신분증을 확인하기 때문에 여권을 준비해가야 한다.

🏠 大阪府三島郡島本町山崎5-2-1
📍 34.89235, 135.67441 📞 075-962-1423
🕐 10:00~16:45(마지막 입장 16:30) 연말연시, 공장 휴업일 휴관
🍸 야마자키 증류소 투어¥ 1,000
더 스토리 오브 야마자키 투어¥ 2,000
위스키관 견학 무료
🏠 suntory.co.jp/factory/yamazaki
Map → ⑩ - D - 4

アサヒビール大山崎山荘美術館 아사히맥주 오야마자키 산장미술관

아사히맥주 오야마자키 산장미술관은 원래 사업가 카가 쇼타로加賀正太郎의 별장이었다. 그는 아사히맥주 초대 사장인 야마모토 타메사부로山本爲三郎와 친분이 있었고 그 인연이 계기가 되어 철거 예정이던 별장을 아사히맥주에서 사들여 미술관으로 꾸몄다. 미술관은 총 3개 동으로 이루어져있다. 카가의 별장이었던 본관은 1932년 지어졌다. 내부는 당시 생활상을 살펴볼 수 있도록 꾸며놓았으며 2층 테라스에서는 교토와 오사카 사이를 흐르는 3개의 강이 지나가는 모습을 볼 수 있다. 치추관은 미술관 개관 당시인 1996년에 새로 지어졌고 2012년에는 야마테관이 더해져 지금의 모습을 갖추게 되었다. 본관과 복도로 연결되어 있는 치추관, 야마테관은 안도 타다오가 설계했다. 소장품의 거의 대부분을 야마모토가 기증했으며 치추관에서는 모네의 수련 3점을 상설전시하고 있다.

🏠 京都府乙訓郡大山崎町銭原5-3
📍 34.89554, 135.67963 📞 075-957-3123
🕐 10:00~17:00 월 휴관, 전시 교체 등으로 인한 부정기적 임시 휴관
🎫 성인 ¥900 대학생, 고등학생 ¥500
🏠 asahibeer-oyamazaki.com
Map → ⑩ - E - 4

大山崎 COFFEE ROASTERS 오야마자키 커피 로스터스

자체 로스팅을 하지 않는 교토 시내의 많은 카페들이 원두를 받아가고, 커피에 조예가 깊은 사람들이 하나같이 입을 모아 칭찬하는 오야마자키 커피 로스터스. 소매점이나 카페를 따로 운영하진 않지만 매주 목요일과 토요일 공방을 오픈한다.

🏠 京都府乙訓郡大山崎町大山崎尻江56-1
📍 34.89552, 135.68588 🕐 목토 10:00~15:00
🏠 oyamazakicoffee.com
Map → ⑩ - F - 4

KYOTO
TRANSPORTATION

하루에도 수십 편
1시간 50분 만에!

> 여행 준비의 시작은 비행기 티켓 예약부터.
> 차근차근 하나하나 교토 여행을 준비해보자.

(비행기로)

간사이 국제공항

교토로 가기 위해선 오사카에 있는 간사이 국제공항을 이용해야 한다. 1994년에 개항한 간사이 국제공항은 우리나라의 인천공항과 마찬가지로 섬에 자리하고 있어 이른 아침부터 늦은 밤까지 하루에도 수백 편의 항공기가 오고 가는 곳이다. 제1·2여객터미널을 운영하며 오사카 기반의 저가항공인 피치 항공 외에 모든 항공사는 제1여객터미널에서 발착한다. 제1터미널에는 여행안내소를 비롯해서 각종 편의시설이 충실하게 갖추어져 있으며 오사카, 교토, 고베 등으로 나가는 열차, 리무진 버스, 택시 등도 제1터미널에서 탈 수 있다. 제1터미널과 제2터미널 사이는 무료 셔틀버스가 다닌다.

www.kansai-airport.or.jp

김포공항을 이용하자!
대한항공, 아시아나항공, 제주항공이 김포공항과 간사이 국제공항을 오가는 항공편을 운항한다. 인천공항에서 발착하는 항공편보다 조금 비싼 편이고 시간대도 한정되어 있지만 인천공항까지 가는 시간과 비용을 아낄 수 있다는 장점이 있다. 출입국심사를 받을 때도 인천공항보다 덜 붐비는 편이다.

↓ ↓ ↓

항공권 가격은?

언제 예약하느냐, 어느 항공사를 선택하느냐에 따라 항공권 가격은 그야말로 천차만별! 무조건 빨리한다고 좋은 건 아니다. 각 항공사, 특히 저가항공사의 자체 프로모션 기간을 잘 이용하면 공항이용료와 유류할증료를 모두 포함해도 왕복 15만 원 미만으로 다녀올 수도 있다. 평소 항공사 홈페이지나 SNS를 유심히 살펴볼 것! 대형항공사를 이용할 경우 예산으로 25~35만 원을 잡으면 무방하다.

얼마나 걸리지?

인천공항에서는 1시간 50분, 김포공항에서는 1시간 40분이 걸린다. 비행시간은 그날그날의 기상 상황에 따라 조금씩 달라질 수 있다. 여유로운 출국 수속을 위해서는 공항에 2시간 전에 도착하는 것이 정석. 명절 연휴, 휴가 기간에는 조금 더 여유를 두고 공항에 도착하자.

시간대는 어떻게?

이른 아침부터 밤까지 하루에 수 십 편의 항공기가 인천공항과 간사이 국제공항 사이를 오고간다. 현지 체류시간을 늘리기 위해 한국에서 오전에 출발해 간사이에서 오후에 돌아오는 비행 스케줄을 선호하는 편이다. 하지만 자신의 여행 일정과 공항까지의 교통편을 고려해 출발 시간을 결정하는 것이 더 중요하다. 현지 체류시간을 늘리고 싶다고 무작정 오전에 출발하는 비행기를 예약했다가 인천공항에서 노숙을 해야 하는 사태가 발생할지도 모를 일이니까.

KYOTO

TRANSPORTATION

간사이 국제공항에서
교토 역까지

> 철도로 간다! 간사이 국제공항에서 교토 역까지 가장 편하게 가는 방법은
> JR 특급 하루카特急はるか를 이용하는 것이다.
>
> www.jr-odekake.net

이코카 & 하루카 티켓 ICOCA & HARUKA

이코카 & 하루카 티켓은 하루카 열차 할인 티켓과 대중교통, 편의점 등에서 사용 가능한 신불 충전 카드인 이코카 카드가 결합된 세트 상품이다. 가격은 간사이 공항 역 – 교토 역 편도 이동 티켓 포함 3,600엔. 하루카 열차의 자유석만 이용 가능하며 지정석, 그린차를 이용하려면 추가 비용 발생. 이코카 카드엔 1,500엔이 충전되어 있고 500엔은 보증금이다. 온라인 예약도 가능하지만 온라인 예약을 했든 현장 구매를 하든 어차피 간사이 공항 역의 JR 티켓 사무소에서 줄을 서야하는 건 마찬가지기 때문에 현장 구매를 해도 전혀 상관없다.

간사이 공항 역 – 교토 역
일반 이용
편도 요금
¥2,850

간사이 공항 역 – 교토 역
이코카 & 하루카 티켓 이용
편도 요금
¥1,600

이코카 카드 환불받기

이코카 카드의 보증금 500엔은 돌려받을 수 있다. 하지만 카드에 잔액이 남아있을 경우 220엔의 수수료가 나가기 때문에 잔액을 모두 소진한 후에 환불받도록 하자. 만약 또다시 간사이 여행이 예정되어 있다면 굳이 환불하지 않아도 된다. 하루카 티켓을 구매할 때 가지고 있던 이코카 카드를 제시하면 할인된 가격으로 계산해준다.

JR 특급 하루카 이용하기

1 → 간사이 국제공항 제1터미널 2층에 JR 티켓 사무소를 방문한다.

2 → 이코카 & 하루카 티켓을 구매한다. 14일 이상 일본에 체류할 경우 편도로, 그 이전에 출국할 경우는 왕복으로 구매. 왕복으로 구매할 경우 반드시 지정된 날짜에 타야한다.

3 → 맞은편에 있는 JR 개찰구로 이동한다. 티켓을 개찰구에 통과시키면 날짜가 각인되어 나온다. 잘 챙기도록 하자.

4 → 자유석을 찾아 착석, 교토까지는 75분이 걸리고 종점이기 때문에 편하게 이동할 수 있다.

버스로 간다!

버스는 열차보다 시간도 오래 걸리고 요금도 비싸다. 제1여객터미널 1층의 8번 정류장에서 탑승하면 된다. 교토 역을 지나 시조도리 등 시내 한복판을 돌기 때문에 짐이 많다면 고려해볼 만하다.

www.keihanbus.jp/limousine

간사이 공항 – 교토 시내
성인 편도 ¥2,550
성인 왕복 ¥4,180 (14일 유효)

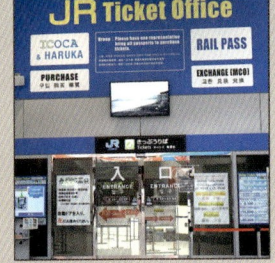

KYOTO
TRANSPORTATION
교토 시내 교통 I
버스

" 교토 시내에선 어떤 교통수단을 이용하는 게 가장 편할까?
두말할 필요 없이 버스!"

교토에서 버스 타기

http://www.city.kyoto.lg.jp/kotsu

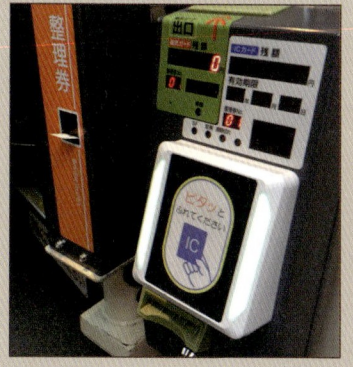

1 우리와는 반대로 뒷문으로 타서 앞문으로 내리고 내릴 때 요금을 지불한다.

2 기본요금은 230엔, 거리 비례 버스일 경우 추가 요금이 발생한다.

3 요금은 현금, 회수권, 이코카 카드 등 IC카드, 버스 1일 승차권 등 각종 패스로 지불할 수 있다.

4 현금으로 요금을 낼 경우 거스름돈이 나오지 않으니 주의할 것. 요금을 넣는 박스 옆에 동전교환기가 있고 최대 1,000엔 지폐까지 들어간다.

5 거리 비례 버스의 경우 승차할 때 정리권(승차한 정류장을 확인하기 위한 숫자가 적혀있는 종이)을 뽑거나 IC카드를 터치한다.

6 출퇴근 시간, 5월의 황금연휴 등에는 시조카와라마치, 기온, 키요미즈데라 주변에 엄청난 교통 체증이 발생한다. 정류장에 표시된 시간에 버스가 도착하지 않는 경우가 많다.

버스의 종류

시 버스
교토 시 교통국에서 운영하는 버스로 여행자뿐만 아니라 교토 시민의 발이기도 하다. 시 버스만으로도 웬만한 명소에는 다 갈 수 있다.

케이한 버스
케이한 그룹에서 운영하는 버스. 쇼군즈카나 히에이산으로 갈 때 외에는 이용할 일이 거의 없다. 버스 1일 승차권 이용 불가.

교토 버스
거리 비례로 운행하는 버스. 시내에서는 이용할 일이 거의 없고 오하라나 다이카쿠지 등 외곽으로 갈 때 유용하다.

버스 행선지 표지판 정보

거리 이름 | 목적지
205
노선 색상

교통비를 줄여주는 유용한 버스 티켓

가격은 성인 600엔(아동 300엔). 버스를 3번 이상 탈 경우 무조건 구매하는 게 이득이다. 교토 역 앞의 시 버스 사무소나 자동판매기에서 판매. 버스에서 바로 구매할 수도 있다. 시 버스와 교토 버스에서 사용 가능하다. 개시 할 때 요금 지불기에 넣고 날짜를 각인한다. 그 다음부터는 하차할 때 날짜가 찍힌 부분을 기사에게 보여주면 된다.

버스 1일 승차권
市バス・京都バス一日乗車券カード
성인 ￥600 아동 ￥300

KYOTO
TRANSPORTATION
교토 시내 교통 II
지하철 · 란덴 · 에이잔 전철 · 택시

> 버스만 있는 것이 아니다. 우리도 있다. 버스로 돌아보지 못한
> 교토 곳곳을 지하철 · 란덴 · 에이잔 전철 · 택시를 이용해 돌아보자.

교토의 지하철
http://www.city.kyoto.lg.jp/kotsu

카라스마선烏丸線, 토자이선東西線 2개의 노선이 있다. 요금은 210엔에서 시작해 최대 350엔까지 올라간다. 버스 노선이 워낙에 잘 되어 있기 때문에 지하철을 이용할 일은 많지 않겠지만 교통 체증이 심할 때는 역시 버스보다 편리하다. 지하철 · 버스 1일권을 이용하면 상황에 따라 효율적으로 이동할 수 있다. 가격은 성인 900엔, 아동 450엔이다. 지하철 이용방법은 우리나라와 같다.

란덴
randen.keifuku.co.jp

도쿄 근교 에노시마에 명물 에노덴이 있다면 교토에는 란덴이 있다. 한 량 혹은 두 량으로 운행하는 귀여운 란덴은 교토의 서북쪽 지역의 명소를 방문할 때 편리하다. 요금은 전 구간 220엔으로 버스와 마찬가지로 내릴 때 앞문으로 내리며 요금을 낸다. 시조오미야 역에서 아라시야마 역까지 가는 아라시야마본선嵐山本線과 닌나지, 료안지 등을 지나는 키타노 선北野線 2개의 노선이 있다.

택시

> 택시는 차가 막히지 않는 시간대에 여러 사람이 근거리를 이용할 때 추천

교토는 지하철보다 버스가 발달해 있기 때문에 교통 체증이 심한 편이다. 택시는 차가 막히지 않는 시간대에 여러 사람이 근거리를 이용할 때 추천한다. 택시 문은 자동으로 열리니 주의할 것.

기본요금(1.5km까지) 중형 ¥640 소형 ¥620

유용한 티켓

란덴 1일 프리 티켓	버스, 란덴 1일 승차권
嵐電1日フリーきっぷ	市バス・京都バス・嵐電一日乗車券カード
성인 ¥500 아동 ¥250	¥1,000 (성인만)

에이잔 전철 叡山電鉄
eizandensha.co.jp

데마치야나기 역出町柳駅을 기점으로 교토의 북쪽을 달리는 열차. 단풍 시즌이 되면 특히 인기가 많은 구간을 운행하는데 이치조지, 슈가쿠인리큐, 히에이산, 쿠라마 등을 지난다. 이치하라 역市原駅과 니노세 역二ノ瀬駅 구간은 '단풍 터널'이라고 불릴 정도로 아름답다. 요금은 210엔부터 시작하여 420엔까지 올라간다.

> 데마치야나기 역을 기점으로 교토의 북쪽을 달리는 열차

- ⭐ Main Spot
- Shop
- Cafe
- Restaurant
- Onsen
- Bar
- Hotel

KYOTO

MAP

교토

- 라쿠토(동쪽) ········· ①
- 라쿠추(중심) ········· ②
- 시조카와라마치 주변 ········· ③
- 라쿠사이(서쪽) ········· ④
- 라쿠호쿠(북쪽) ········· ⑤
- 라쿠난(남쪽) ········· ⑥

근 교

- 우지 ········· ⑦
- 오하라 ········· ⑧
- 후시미 ········· ⑨
- 오야마자키 ········· ⑩

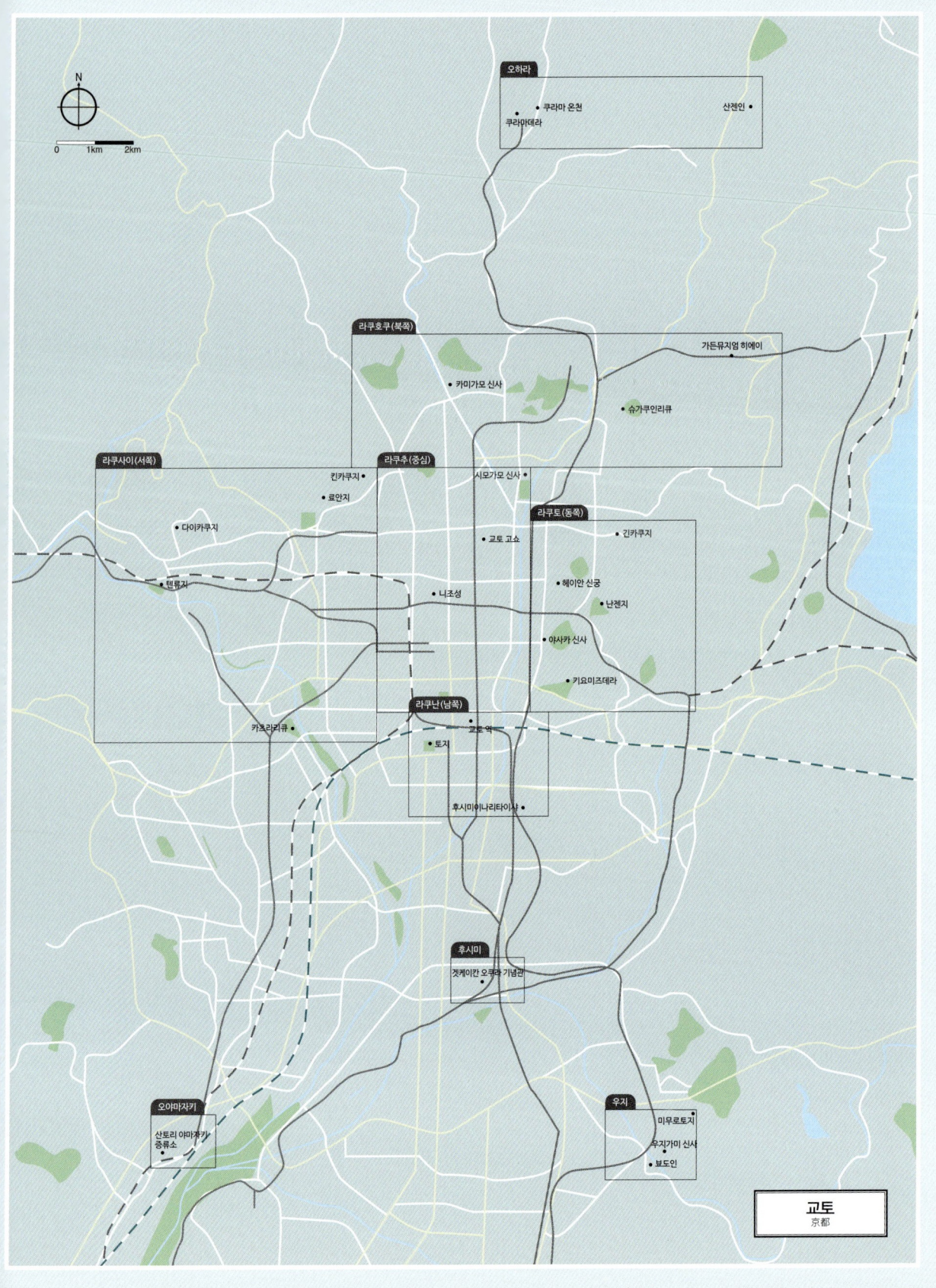

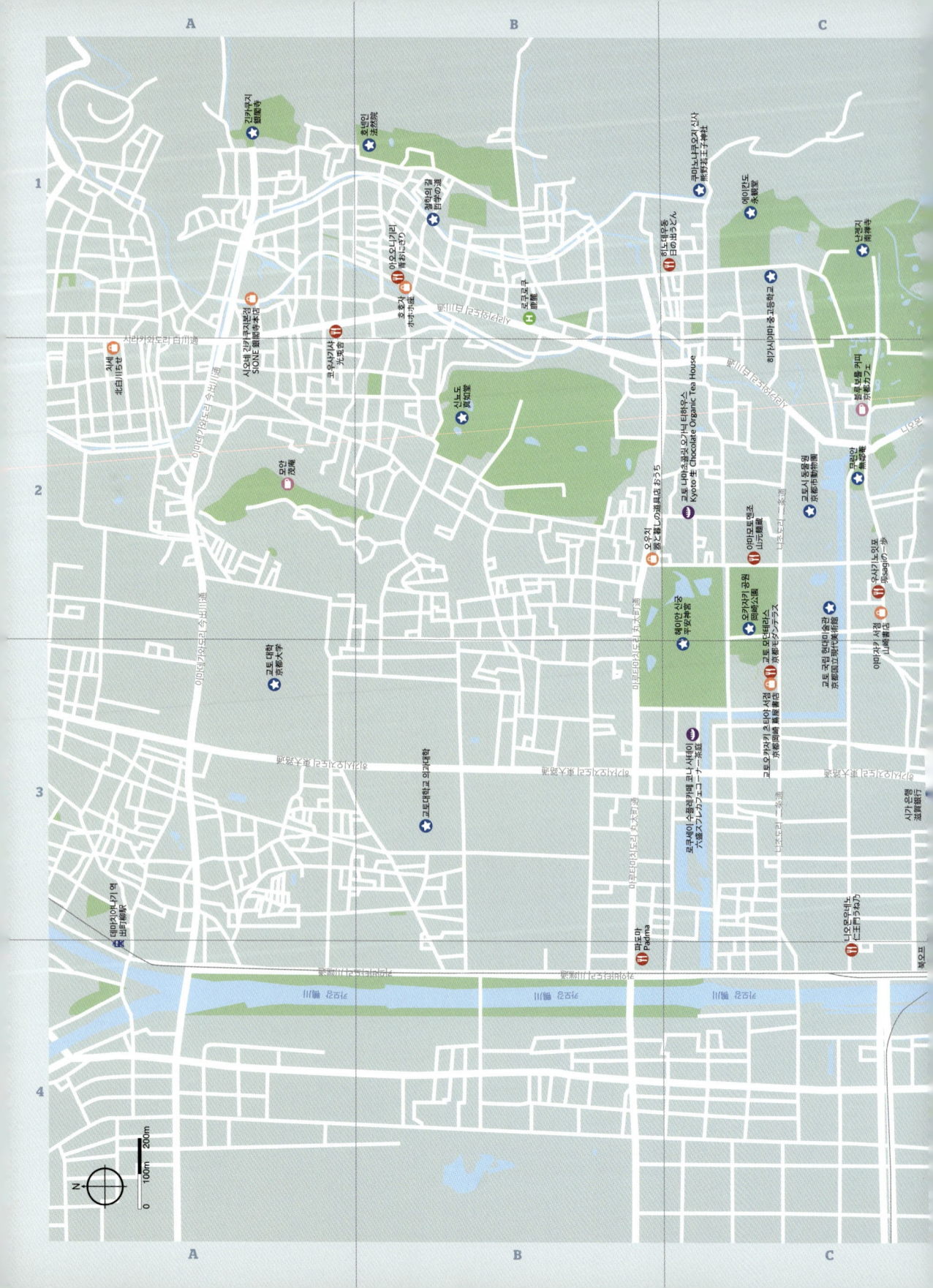

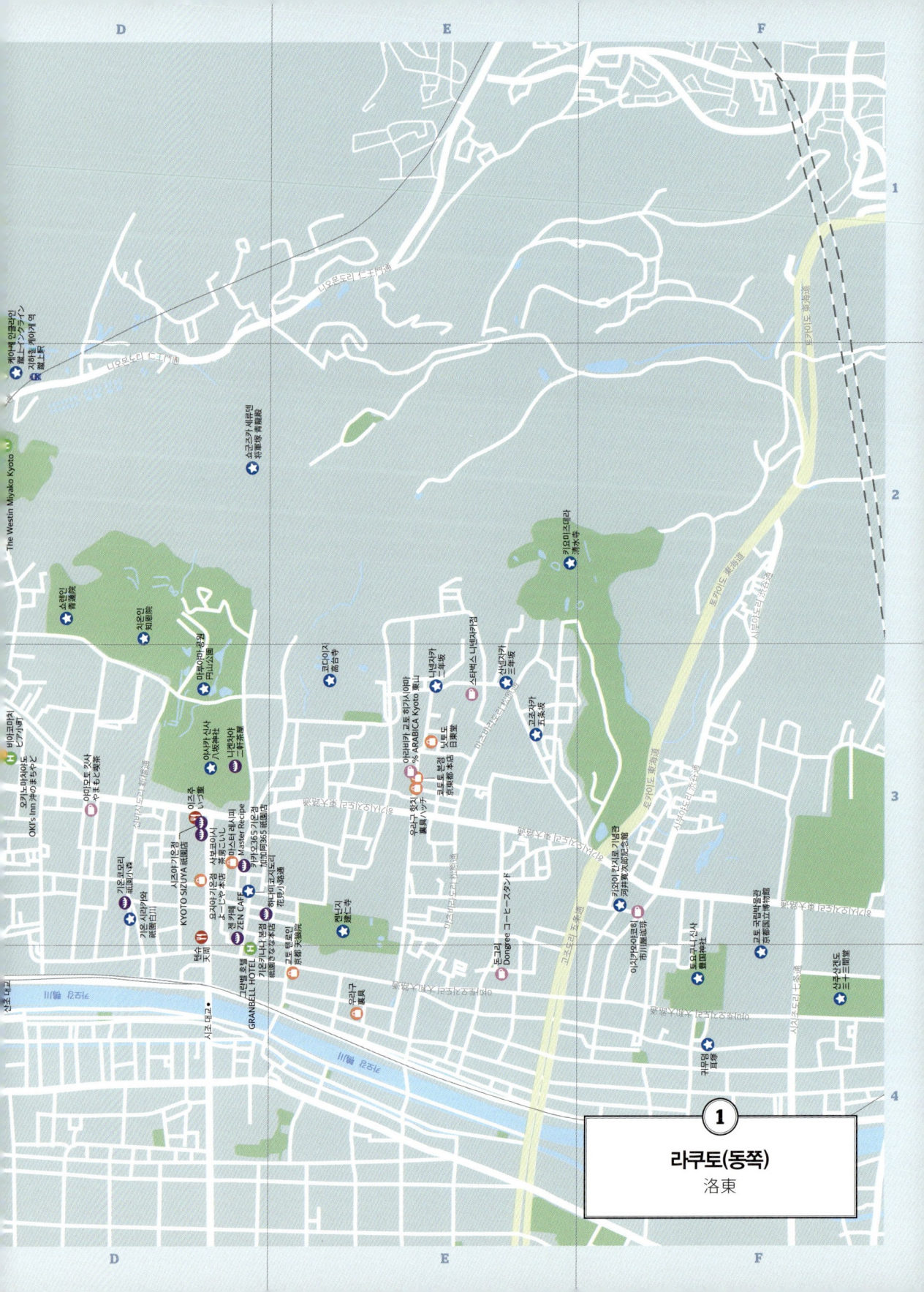

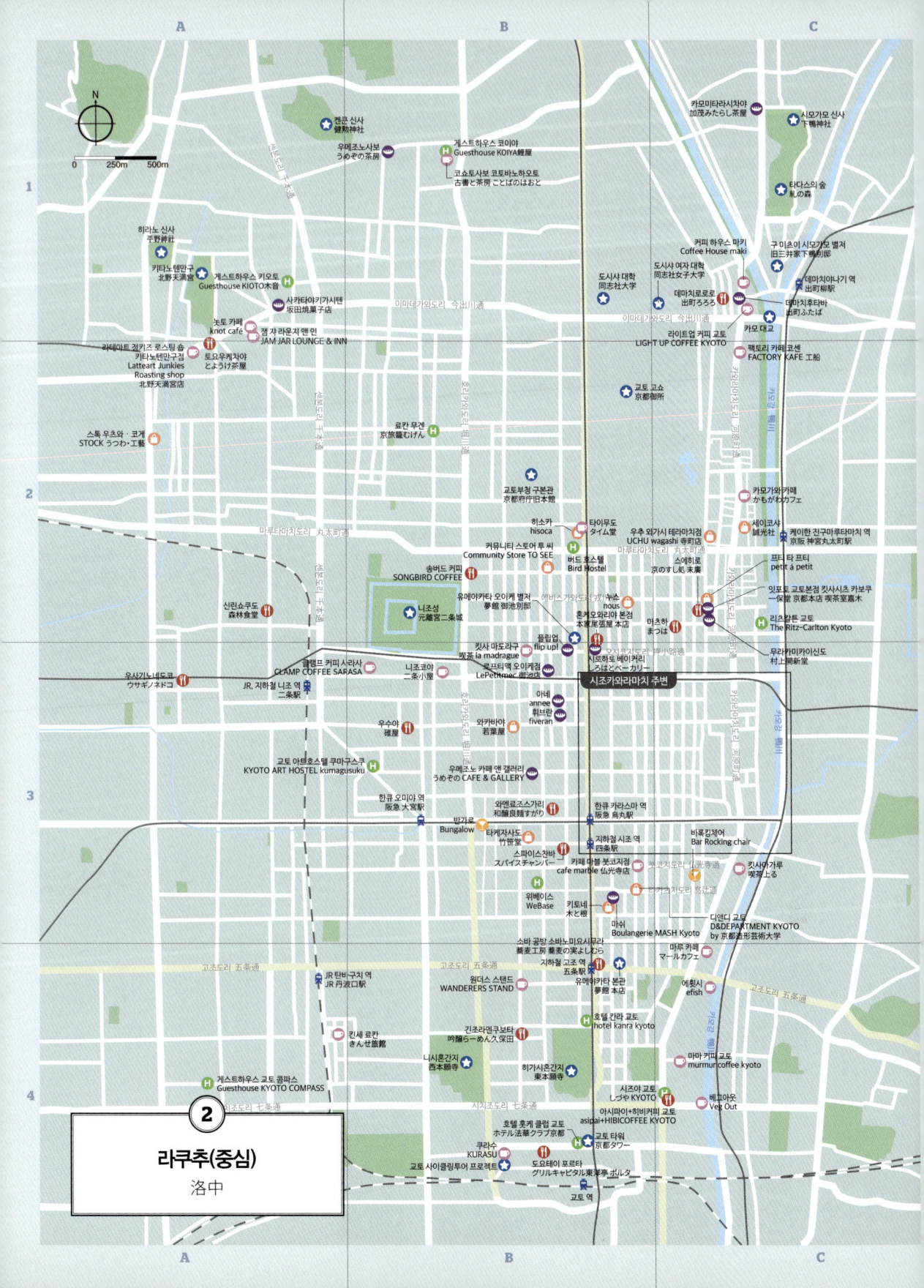

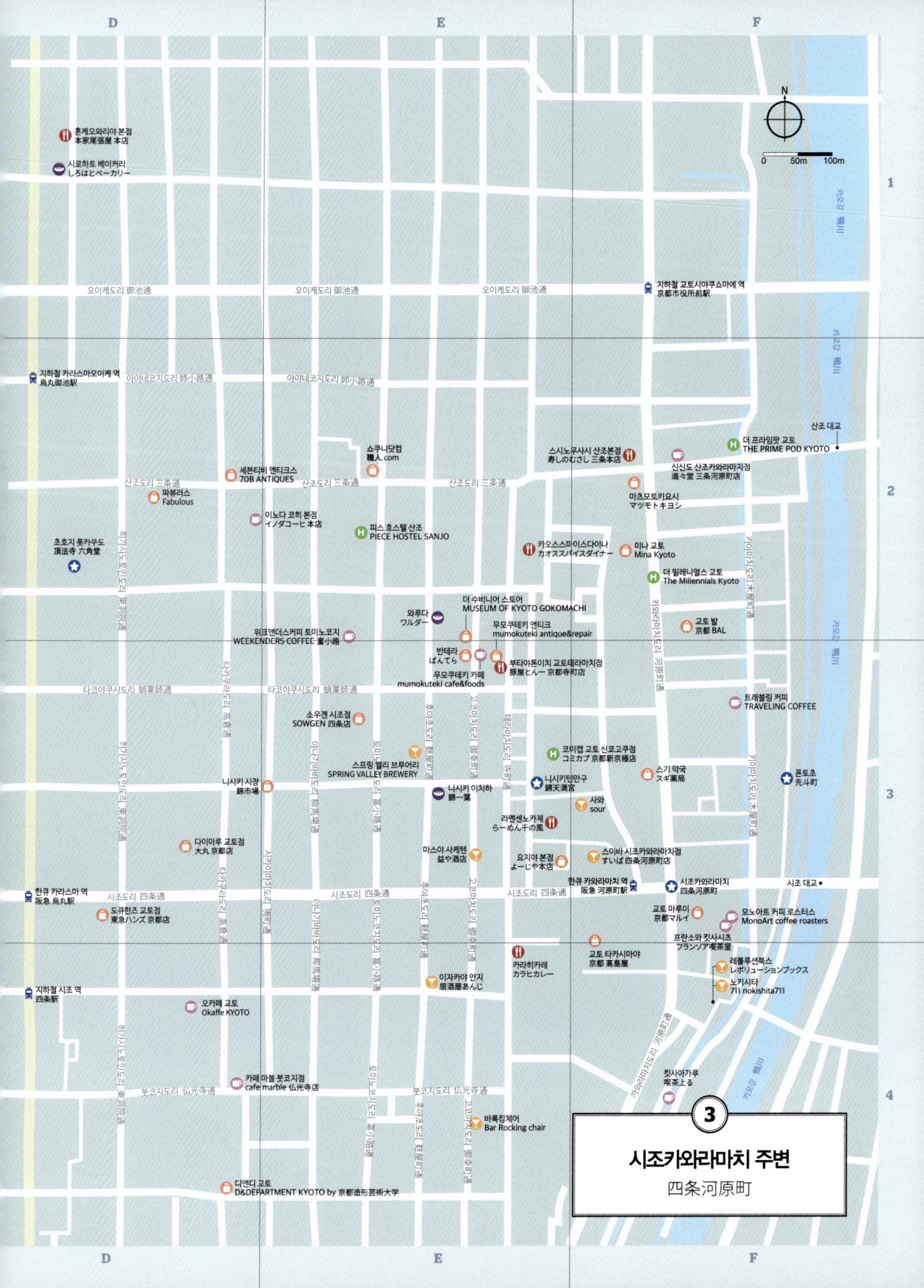

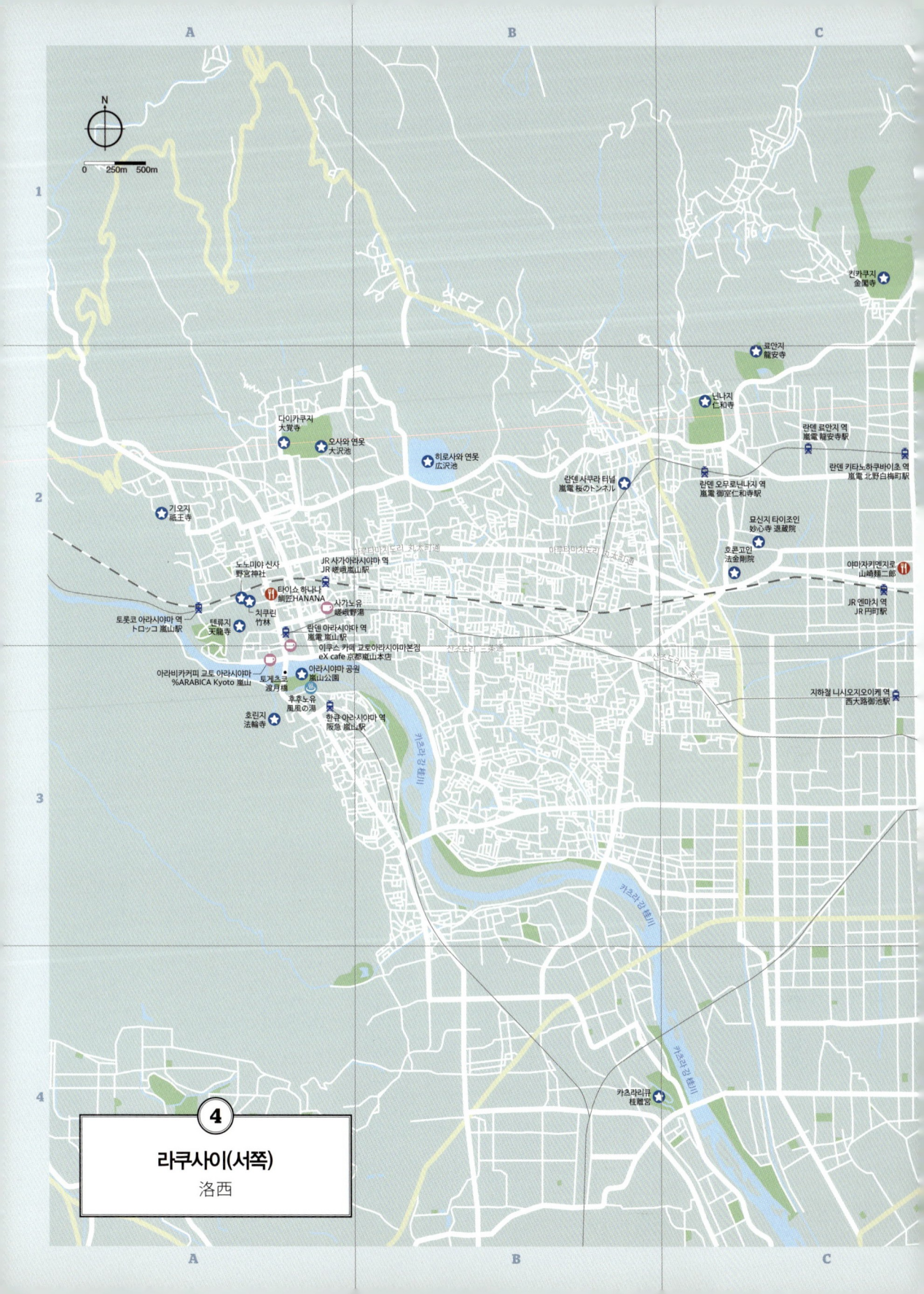

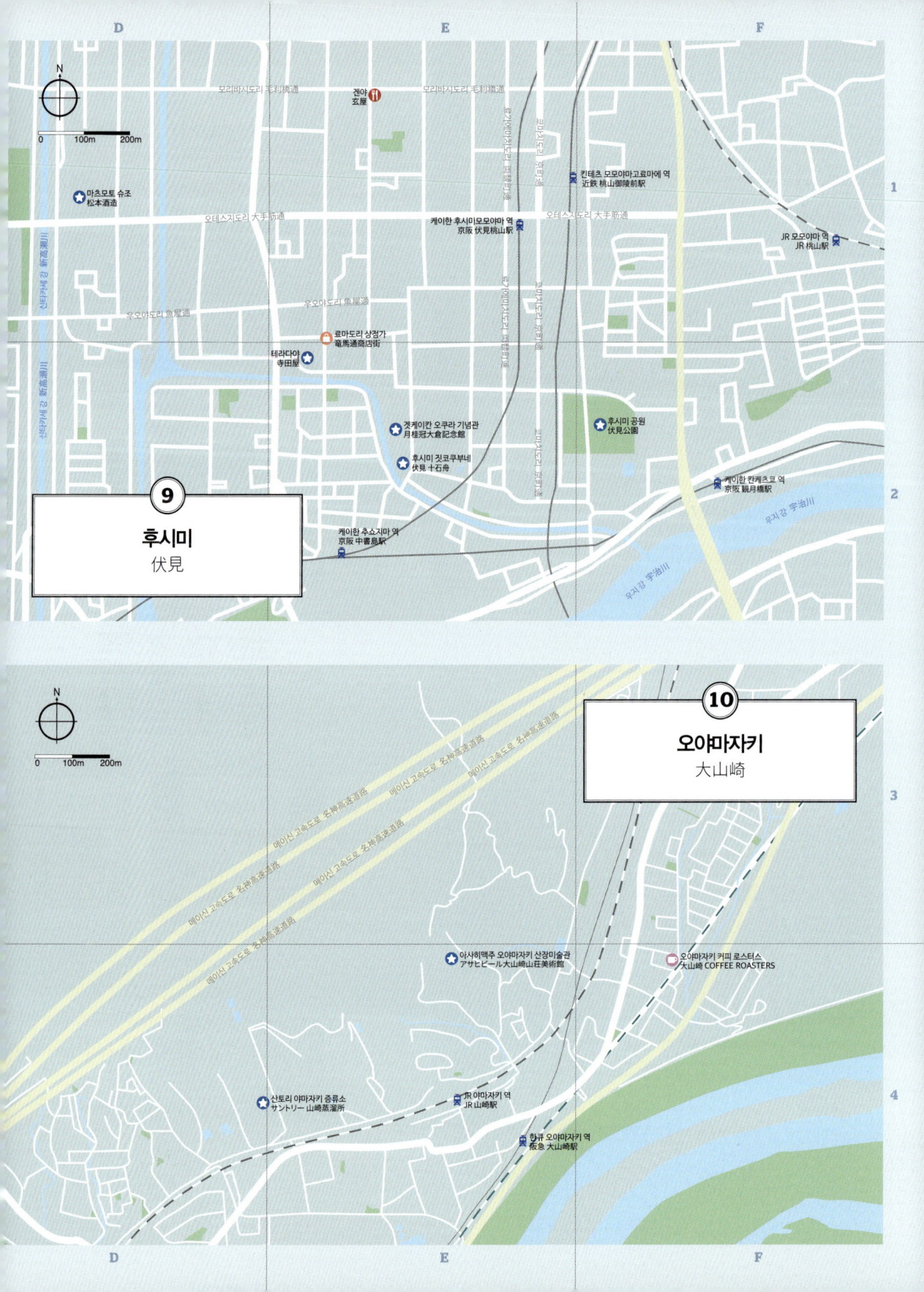

Writer
양미석 Misuk Yang

Publisher
송민지 Minji Song

Managing Director
한창수 Changsoo Han

Editors
오대진 Daejin Oh
강제능 Jeneung Kang

Designer
김영광 YoungKwang Kim

Illustrators
김달로 dallow kim
이설이 Sulea Lee

Business Director
서병용 Byungyong Seo

Accounting
박주희 Joohee Park

Publishing
도서출판 피그마리온

Brand
easy&books
easy&books는 도서출판 피그마리온의 여행 출판 브랜드입니다.

Tripful

Issue No.05

ISBN 979-11-85831-77-0
ISBN 979-11-85831-30-5(세트)
ISSN 2636-1469

등록번호 제313-2011-71호 등록일자 2009년 1월 9일
초판 1쇄 발행일 2017년 12월 22일
제1개정판 1쇄 발행일 2019년 7월 19일

서울시 영등포구 선유로 55길 11, 4층 TEL 02-516-3923
www.easyand.co.kr

Copyright © EASY&BOOKS
EASY&BOOKS와 저자가 이 책에 관한 모든 권리를 소유합니다.
본사의 동의 없이 이 책에 실린 글과 사진, 그림 등을 사용할 수 없습니다.

 No.1 FUKUOKA
 No.2 CHIANGMAI
 No.3 VLADIVOSTOK

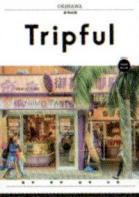 No.4 OKINAWA
 No.5 KYOTO
 No.6 PRAHA

 No.7 LONDON
 No.8 BERLIN
 No.9 AMSTERDAM

 No.10 ITOSHIMA
 No.11 HAWAII
 No.12 PARIS

 No.13 VENEZIA